PEOPLEFOTOGRAFIE

KREATIVES GROSSFORMAT

PEOPLEFOTOGRAFIE

KREATIVES GROSSFORMAT

Urs Tillmanns

sinaredition VERLAG PHOTOGRAPHIE

Idee: Robert Züblin
Konzept: Hans-Carl Koch
Projektleitung: Martin Sigrist
Gestaltung, Umbruch und Illustrationen:
Adrian Bircher, 8400 Winterthur
Fotolithos: Photolitho AG, CH-8625 Gossau
Druck: Meier + Cie AG, CH-8201 Schaffhausen
Buchbinder: Eibert AG, CH-8733 Eschenbach

Titelbild: Richard Avedon, (Copyright: Pirelli)

ISBN 3-7231-0048-1

Inhaltsverzeichnis

Vorwort

Das vorliegende Buch über Peoplefotografie ist der vierte Band der Reihe «Kreatives Grossformat» der sinar edition, nach dem Grundlagenband, dem Architekturbuch und dem Thema Naturlandschaften. Weshalb wir uns beim vierten Band für das Thema «Menschen» entschieden haben, hat verschiedene Gründe. Ganz sicher liegt es nicht daran, dass der Autor, der Verlag und die Firma Sinar der Ansicht sind, dass besonders viele Bilder von Menschen mit der Grossformatkamera entstehen würden. Das Gegenteil ist der Fall. Die Reportagefotografie, die fotografischen Erinnerungsbilder und ein Grossteil professioneller Porträt-, Gruppen-, Mode- und Werbeaufnahmen mit Menschen entstehen mit Kleinbild- oder Mittelformatkameras. Das Filmmaterial ist in den letzten Jahren so viel besser geworden, dass man einer Aufnahme nur noch bei starker Vergrösserung ansieht, mit welcher Kameraart sie aufgenommen wurde.

Der Grund liegt woanders: Peoplefotografie im Grossformat liegt im Trend, dies vor allem bei der anspruchsvollen Werbe- und Modefotografie. Es sind heute die jungen Fotografen, die für szenische Fotos die grosse Einstellscheibe, welche das inszenieren einer Aufnahme ermöglicht, neu entdecken. Nicht umsonst finden sich unter den Portfoliofotografen dieses Buches neben Altmeister Richard Avedon junge, begabte Berufsleute, wie Akos Simon und Ralf Schmerberg. Auch haben die oben erwähnten Verbesserungen des Filmmaterials und der Objektive ebenfalls beim Grossformat stattgefunden, was dessen kreative Möglichkeiten zusätzlich erhöht, wie der vorliegende Band anschaulich demonstriert.

Menschen – das steht fest – ist eines der wichtigsten und zugleich faszinierendsten Themen, mit denen sich ein Fotograf auseinandersetzen kann. Ob er Personen porträtiert, Gruppenbilder aufnimmt, ob er sich mit Aktstudien und Körperdetails befasst oder ob er im Auftrag Mode- oder Werbeaufnahmen realisiert, immer steht der Mensch als fotografisches Motiv im Vordergrund. Und je mehr wir uns mit diesem Menschen, den wir aufnehmen wollen, befassen, je besser wir ihn in seinem Charakter, seinem Wesen und seinem Verhalten kennen, desto besser (sprich: treffender) können wir ihn aufnehmen. Das ist das Besondere an der Peoplefotografie: Sie geht weit über das Fotografische hinaus auf eine interessante und wichtige menschliche Ebene.

Das Buch über Peoplefotografie ist wiederum vor allem durch die Mithilfe vieler Fotografen gelungen, die ihre besten und interessantesten Bilder für dieses Werk zur Verfügung gestellt haben. Die Bilder zeigen auf eindrückliche Weise, wie vielseitig das Thema «Menschen» angegangen und abgehandelt werden kann. Ich möchte an dieser Stelle allen Fotografen für ihre Mithilfe herzlich danken.

Mein Dank richtet sich aber ebenso an Hans-Carl Koch der Firma Sinar, der sich sowohl mit dem Konzept als auch mit dem Manuskript tatkräftig auseinandergesetzt hat. Dann hat der Fotograf Roland Schmid zusammen mit dem Modell Ellen von Time Modell, Zürich, interessante Aufnahmereihen speziell für dieses Buch angefertigt. Auch hierfür besten Dank. Ebenso danke ich Adrian Bircher, der wiederum, in bewährter Weise, für die DTP-Gestaltung des Buches verantwortlich war.

Neuhausen, im Mai 1995 — Urs Tillmanns

Der stark dezentrale Bildaufbau und die Verflachung heller Bildpartien verleihen diesem Bild von Akos eine sehr starke Ausdruckskraft. (Kamera: Sinar p, 4 × 5″)

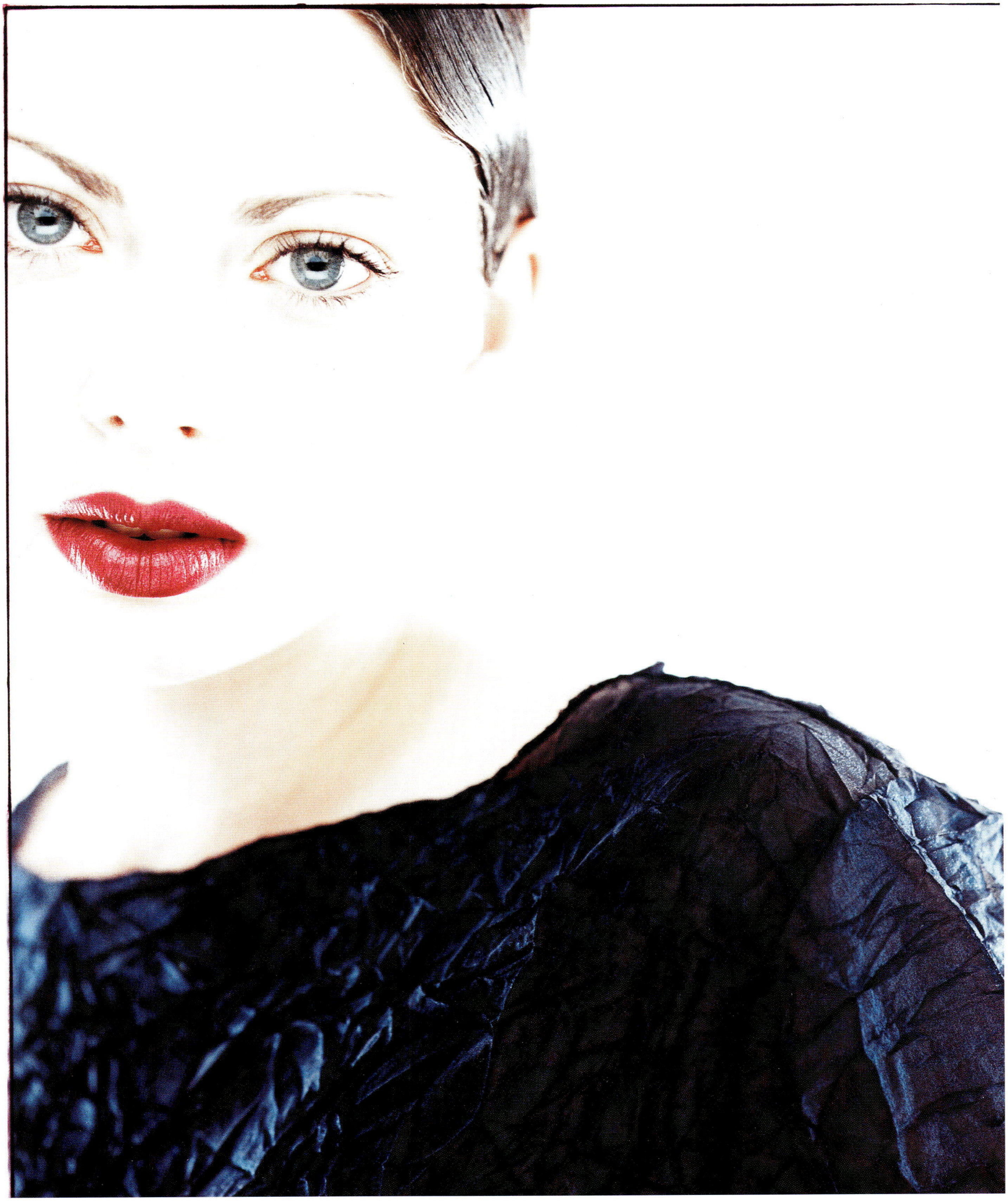

Menschen und ihr Abbild

Jede bildmässige Kunstform, sei es die Malerei, die Bildhauerei, die Fotografie oder die Kinematografie, hat sich von jeher als einem der wichtigsten Themen mit der Darstellung des Menschen befasst. Menschen gehören zu unserem unmittelbaren Umfeld und begleiten uns mit ihrer ganzen Faszination und Ausstrahlung ein Leben lang. Wir sehen unseresgleichen in jeder Situation: bei der Arbeit, in der Freizeit und im privaten Bereich. Naheliegend, dass die Künstler von jeher diese «Faszination Mensch» und die vergänglichen Momente im Bild festhalten und so zur eigenen Erinnerung und für spätere Generationen aufheben wollten.

Die Fotografie war schon immer ein ausserordentlich geeignetes Medium, um Menschen in Bildern darzustellen. Während dies zu Beginn der Fotografie aufgrund der langen Belichtungszeiten noch mit technischen Schwierigkeiten verbunden war, ist heute die Peoplefotografie das fotografische Thema von jedermann. Unzählige, die zur Fotografie keine besondere Beziehung haben, kaufen sich eine Kamera, nur um das Heranwachsen der Kinder und die gemeinsam verbrachten Ferien- und Freizeitstunden aufzunehmen. Bilder von Menschen ist das zentralste fotografische Thema überhaupt.

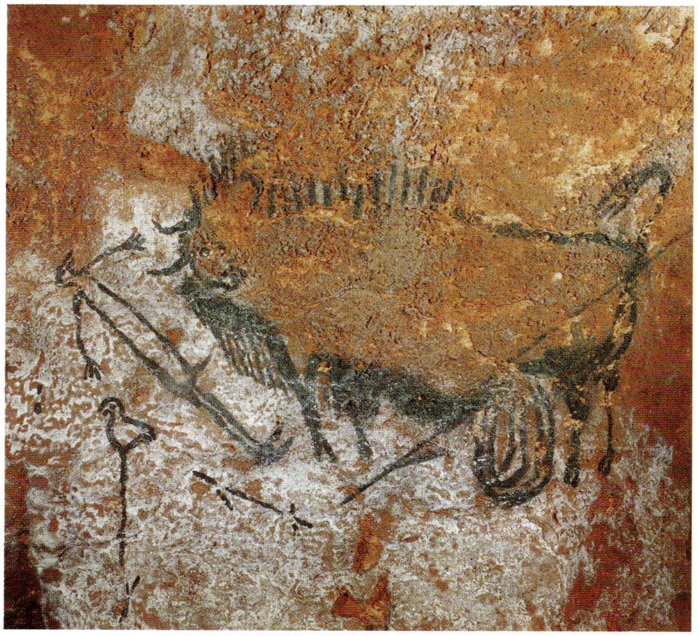

In den Höhlen von Lascaux (Frankreich) gibt es eine einzige Darstellung eines Menschen. Rund 20 000 Jahre alt, dürfte sie die früheste ihrer Art sein. Sie wurde 1953 von Hans Hinz auf 18 x 24-cm-Platten im Direktauszugsverfahren aufgenommen.

Von der Frühzeit zur Erfindung der Fotografie

Schon die frühesten Zeichnungen, die uns aus prähistorischer Zeit bekannt sind, zeigen in Wohnhöhlen Jagdszenen, auf denen Menschen bei ihrer Arbeit abgebildet sind. Schon damals stand der Wunsch im Vordergrund, den Menschen bei seiner Tätigkeit, in seinen glücklichen oder traurigen Situationen, als Sieger oder Besiegten, in bildlichen Darstellungen der Nachwelt zu erhalten. Zeichnungen waren damals Schriftersatz und wesentlichstes Ausdrucksmittel langfristiger Kommunikation. Und der Mensch war darin schon immer das wichtigste Motiv.

Während Jahrtausenden hat sich der Stil der Malerei vielfältig verändert; die Darstellung der Menschen ist dabei immer realistischer und perfekter, die Charakteristik des Individuums ist auf den Bildern immer besser erkennbar geworden. Es gab kaum einen Maler, der sich nicht mit dem Thema Mensch auseinandergesetzt und Menschen als Porträt, in ihrer Umgebung oder ihren Körper in die Zweidimensionalität umgesetzt hatte. Selbst ausgesprochene Landschaftsmaler hatten immer wieder den Menschen mit ins Bild gebracht, auch wenn es dabei nur darum ging, im Bild eine bekannte Bezugsgrösse zu zeigen. Durch das Miteinbeziehen des Menschen in eine Landschaft haben die Künstler aber auch einen direkten Bezug zum Bildbetrachter geschaffen, der sich durch die Darstellung eines Menschen sehr einfach selbst in der gezeigten Situation vorstellen konnte. Das Bild ist dadurch ansprechender, interessanter und persönlicher geworden.

Malerei und Lichtführung

Die Verwandtschaft zwischen der Malerei und der Fotografie ist unbestritten. Unzählige Maler haben sich intensiv mit der Fotografie befasst, viele von ihnen haben sogar selbst fotografiert, und die berühmtesten Fotografen haben die Werke der alten Meister akribisch auf Bildaufbau und Lichtwirkung untersucht. Viele der Maler sind für die Fotografien diesbezüglich Vorbilder gewesen, und noch heute kann insbesondere den jüngeren Fotografen geraten werden, sich eingehend mit den Werken der grossen Maler auseinanderzusetzen.

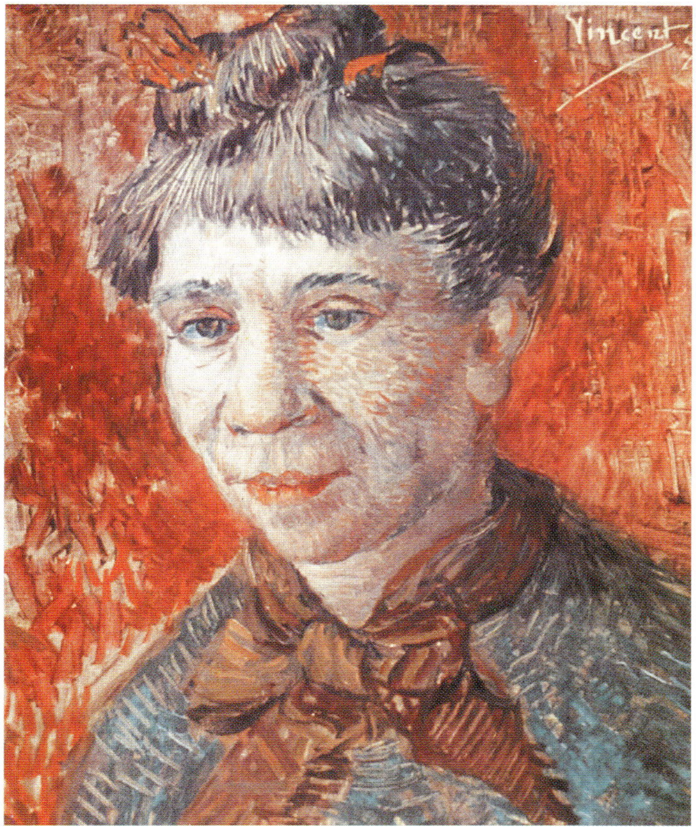

Die Malerei und die aufkommende Fotografie beeinflussten sich stilistisch gegenseitig. Dieses gemalte Porträt nannte Vincent van Gogh 1886 «Tête de femme». (Öffentl. Kunstsammlung Basel, Kunstmuseum, Sammlung Rudolf Staechelin, Foto: Martin Bühler)

Dennoch unterscheiden sich die Darstellungsmöglichkeiten des Menschen in der Malerei und in der Fotografie sehr wesentlich. Während der Maler sein Bild in stunden- und tagelanger Arbeit entstehen liess und dabei ungefällige Details immer wieder überarbeiten konnte, hält der Fotograf in seinem Bild einen Augenblick fest. Der Moment entscheidet darüber, ob das Bild gefällt oder nicht. Dieser Tatsache kommt gerade in der Peoplefotografie eine grosse Bedeutung zu, denn ein Augenzwinkern oder eine unvorteilhafte Geste können das Bild unbrauchbar werden lassen. Bildvarianten, mehrere Aufnahmen von der gleichen Situation sind angesagt. Dabei «spürt» der geübte Fotograf bei der Aufnahme, ob das Bild perfekt ist oder ob es einer Wiederholung bedarf.

Das tut der Kreativität des Fotografen keinen Abbruch, denn er ist nicht nur auf realistische Darstellungen im Freien beschränkt, sondern er kann sich seine Fantasiewelt mit dem gewünschten Licht in seinem Studio so aufbauen, wie es seinem Darstellungsstil und -zweck am ehesten entspricht. Wie der Maler, der seine Leinwand so gestalten kann, wie er will, baut sich der Fotograf seine Szene nach freier Fantasie oder nach dem Wunsch des Auftraggebers auf.

Von Daguerre bis heute

Befasst man sich mit der Geschichte der Fotografie, so wird die erwähnte Dominanz der menschlichen Darstellung nahezu von jedem Fotografen bewiesen. Wie einst die Maler haben auch die Fotografen den Menschen immer wieder zum zentralen Motiv gemacht. Mehr noch: Sie haben den Menschen, immer im Rahmen der technischen Möglichkeiten, noch perfekter abgebildet und in ihre Werke integriert.

Das hatte anfänglich seine Tücken. Die ersten fotografischen Verfahren von Nicephore Niépce (1765–1833), Henry Fox Talbot (1800–1877) und Jacques Mandé Daguerre (1787–1851) – wobei letzterer nicht ganz zu Recht als eigentlicher Erfinder der Fotografie in die Geschichte einging – waren sehr niedrigempfindlich und die Objektive äusserst lichtschwach. Das hatte Belichtungszeiten von mehreren Minuten zur Folge, was die Abbildung des Menschen anfänglich verunmöglichte. Verwischte Körperteile und entstellte Gesichtsausdrücke waren die Folge, und es entstanden anfänglich Bilder, die den Abgebildeten in keiner Weise gefielen, weil sie ihnen nicht genug ähnlich waren. So erklärt es sich auch, dass die ersten Bilder von Menschen erst nach 1845 entstanden, als die Verfahren durch verschiedene chemische Behandlungen kürzere Belichtungszeiten – immer noch im Bereich mehrerer Sekunden – zuliessen und lichtstärkere Objektive verfügbar waren.
Die Kollodiumfotografie, die 1851 von Frederik Scott Archer erfunden wurde und eine Verarbeitung der noch nassen

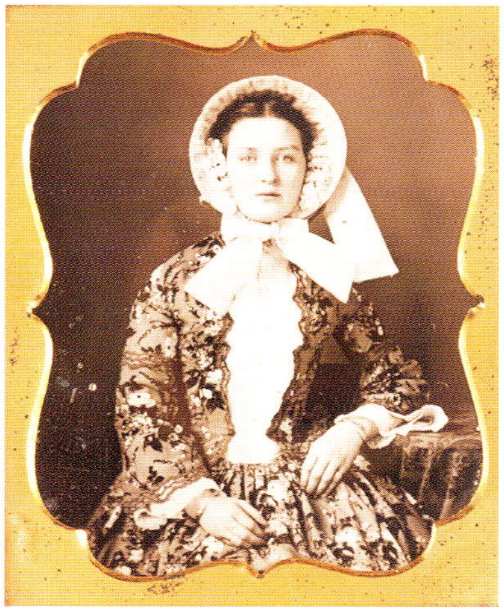

Um 1840, zur Zeit der Daguerreotypie, war das fotografische Porträtieren noch kompliziert: Minutenlange Belichtungszeiten verlangten den Einsatz von Kopfstützen, und oft waren die teuren Bilder wegen des Augenzwinkerns nicht gefällig. Zudem waren Daguerreotypien Unikate, die nicht vervielfältig werden konnten.

Platten unmittelbar nach der Aufnahme verlangte, verhalf der Abbildung von Menschen zum Durchbruch. Dafür gibt es zwei Gründe: Erstens war die Empfindlichkeit dieses Verfahrens wesentlich höher und ermöglichte Porträts und Ganzbilder von Personen mit Belichtungszeiten von weniger als einer Sekunde. Zweitens wurde eine Abwandlung des Verfahrens, die Ferrotypie, auf Jahrmärkten für jeder-

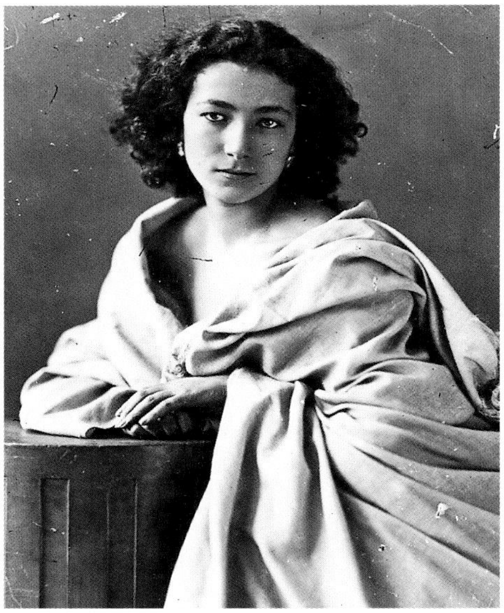

Sarah Bernhardt um 1860 vom Pariser Fotografen Nadar mit Kunstlicht fotografiert. Mit dem Einsatz von Kohlenbogenlampen leitete Nadar in der Porträtfotografie eine neue Ära ein.

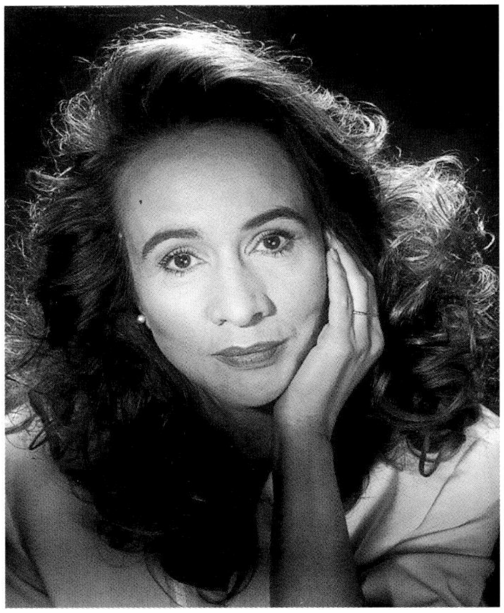

Bernhard Widmann fotografierte die Schauspielerin Klara Höfels 1991 in einem Beleuchtungsstil, der gekonnt den Fünfzigerjahren nachempfunden ist. Kamera: Linhof mit Apo-Ronar 1:9/300 mm.

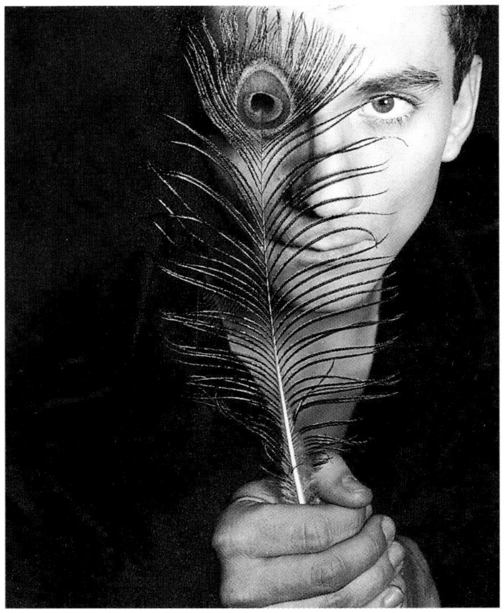

Der Einsatz von Requisiten, unübliche Lichtführung und Bildgestaltung beweisen das breite Kreativfeld moderner Porträtfotografie. Foto: Patrizio Di Renzo, Kamera: Sinar 4 × 5″, Polaroid-Film.

mann erschwinglich, der sich die teuren Daguerreotypien der professionellen Lichtbildner und Studiobesitzer nicht leisten konnte. Die dunkelbraunen Bilder auf schwarz lackiertem Eisenblech, die noch heute in alten Familienalben zu finden sind, verhalfen der Porträtfotografie zu einem enormen Aufschwung.

Mit einer verbesserten Technik stand die Fotografie in einer immer stärker werdenden Konkurrenzsituation zur Malerei. Obwohl es noch immer zum guten Ton gehörte, sich mindestens einmal im Leben in Öl auf Leinwand verewigen zu lassen, gab es immer mehr Leute, die den Weg zum Fotografen fanden, um nicht nur ein Bild von sich zu haben, sondern so viele sie wollten, die beliebig verschenkt werden konnten.

Die Zeit um die Jahrhundertwende hat die Fotografie und die Darstellung von Menschen grundlegend verändert. Erstens ging die Malerei neue Wege und suchte, neben der realistischen fotografischen Abbildung, einen eigenen Stil im Abstrahismus. Zweitens wurde die Handhabung der Kameras immer einfacher, so dass jedermann selbst fotografieren konnte. Und drittens wurden die Druckverfahren dahingehend verbessert, dass in Zeitschriften auch Bilder wiedergegeben werden konnten, was plötzlich einer neuen fotografischen Richtung das Tor öffnete: der Werbefotografie. Und diese kam ohne den Menschen, als Symbol eines Wunschbildes, nicht aus.

Erkenntnisse aus der Malerei und der Geschichte

Fotografen, die sich mit dem Thema «Menschen» befassen wollen, tun gut daran, die Werke der Maler in allen Stilepochen und die Bilder berühmter Fotografen zu studieren. Vorbilder sind nicht nur gut, um sie nachzuahmen, sondern um dort weiterzuarbeiten, wo das vorbildliche Werk aufhört. Es ist eine enorme Herausforderung für einen Fotografen, eine Szene, die ein Maler oder ein früher Fotograf für sich gestellt hat, nachzustellen und mit heutigen Mitteln oder in die heutige Zeit umgesetzt wiederzugeben. Das gilt nicht nur für die Anordnung der Objekte in der Landschaft, sondern mehr noch für die Motiv- und Lichtgestaltung im Studio. Nur schon der Versuch, das Porträtlicht eines bekannten Bildes oder Licht und Pose einer klassischen Aktaufnahme nachzustellen, ist eine hervorragende Schule, die zu eigenen Kreationen unter optimalen Voraussetzungen anregt.

Nur schon die Lichtführung beim Porträt eines Malers lässt sich schwer ins Fotografische umsetzen. Weshalb? Der Maler hat sich mit dem Modell in stundenlangen Sitzungen auseinandergesetzt, und er hat das Licht, den Schattenwurf im Gesicht und die Aufhellung der Schatten mit Pinsel und Farbe so gewählt, dass der von ihm gewünschte Kontrastumfang (um im fotografischen Fachjargon zu sprechen) entstand. Dasselbe lässt sich mit den künstlichen Lichtquellen, deren sich ein Fotograf im Studio bedient, nur sehr schwer erreichen.

Ähnliches gilt beispielsweise für den Gesichtsausdruck des Modells. Während der mehrfachen und langen Sitzungen des Modells hat sich der Maler die typische und charakteristische Mimik der darzustellenden Person gemerkt und sie gekonnt auf die Leinwand gebracht. Der Fotograf geht hier einen anderen Weg: Er hält einen bestimmten Augenblick im Bild fest, der nach seiner Meinung ein besonders vorteilhafter oder eben typischer ist. Allerdings kann er sich hierbei täuschen, weil sich im Moment der Aufnahme nur sehr schwer beurteilen lässt, ob der Gesichtsausdruck optimal war. Meistens wird der Fotograf nicht nur ein Bild, sondern gleich ein paar verschiedene Bilder machen, unter denen er dann das beste aussucht. Und häufig kommt es dann vor, dass dem Fotografen ein bestimmtes Bild besonders gefällt, während sich das Modell für ein anderes entscheidet. Weshalb das so ist, steht im Kapitel *«Menschen und Kamera»*.

Als weitere Gestaltungsaufgabe sollte man sich – immer am Vorbild eines bestimmten Fotografen oder Malers – mit der Frage befassen, weshalb der Künstler eine gewisse Thematik oder Aufgabe gerade so und nicht anders angegangen ist. Man darf sich ohne weiteres anmassen, das Bild eines van Gogh oder eines Philippe Halsman verbessern zu wollen und dessen bekanntes Werk als Inspiration für eigene Kreationen zu nehmen.

So sehr man sich mit den technisch-gestalterischen Aspekten einer solchen Aufnahme auseinandersetzt, so andersartig wird das Ergebnis ausfallen, weil etwas nie gleich ist: das Modell – der Mensch.

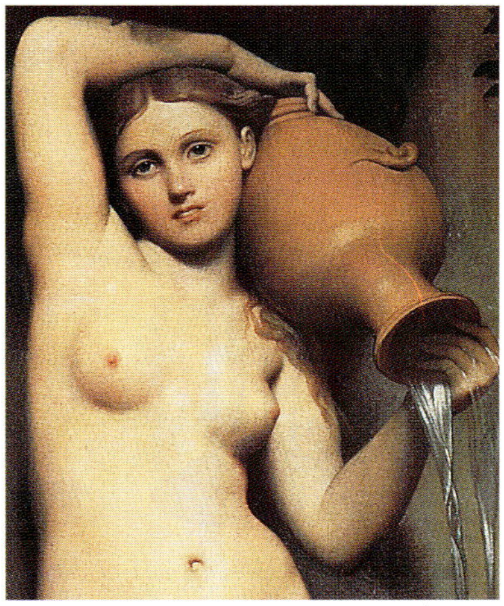

Malerei und Fotografie stehen auch heute noch in einer Wechselbeziehung. Das Gemälde «Die Quelle» von Jean Auguste Dominique Ingres ...

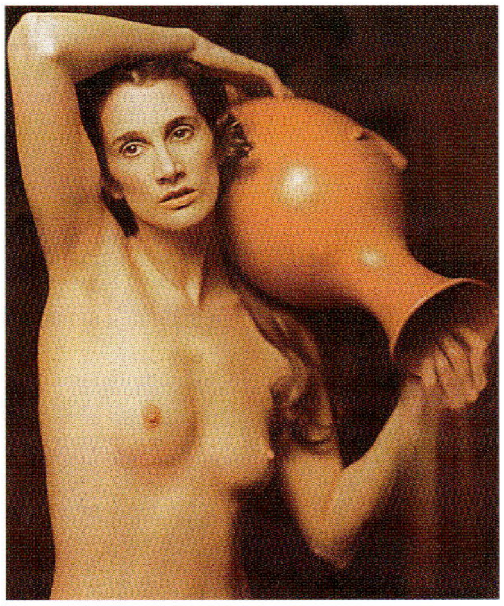

... hat Marcel van der Vlught, Amsterdam, für eine Werbekampagne detailgetreu nachfotografiert. (GGK Wien für Asea Brown Boveri).

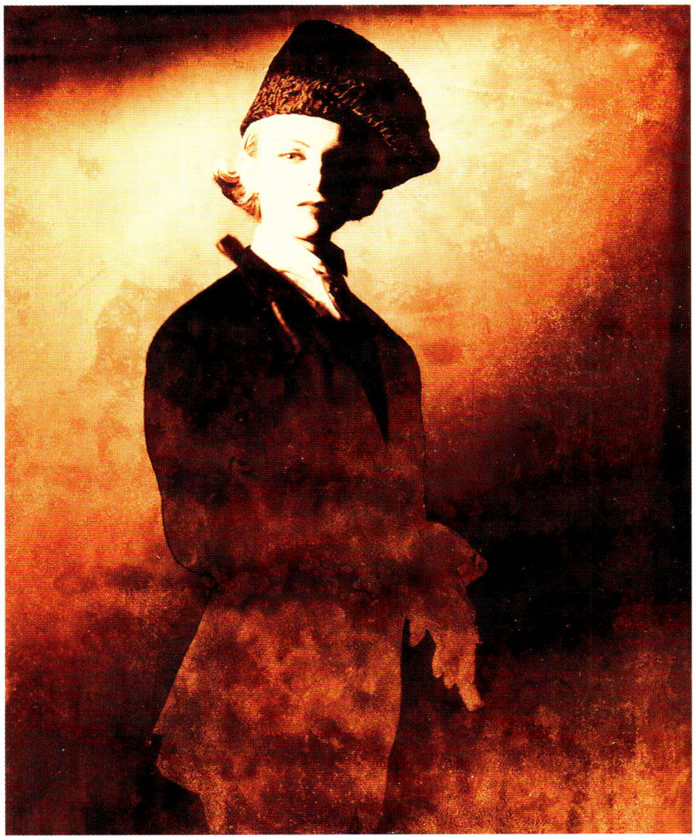

Michel Dubois fotografierte dieses Frauenporträt mit einer Sinar p und einem 300-mm-Objektiv. Der interessante Bildeffekt entstand durch Ausbleichen und Umentwickeln.

Das ist das Faszinierende an der Peoplefotografie: Jeder Mensch ist anders. Das Aussehen, die Mimik, die Gestik, der Charakter, die Kleider, die Frisur. Und jede Aufnahme, die wir von einem Menschen machen, ist einmalig und unwiederholbar. Versuchen Sie einmal ein gelungenes Porträt oder gar eine Gruppenaufnahme zu wiederholen. Unmöglich, dass alle Details genau übereinstimmen, und unmöglich, dass das Modell oder die Personen der Gruppe in genau gleicher Pose und mit absolut identischem Gesichtsausdruck dastehen. Das können nicht einmal die versiertesten Schauspieler.

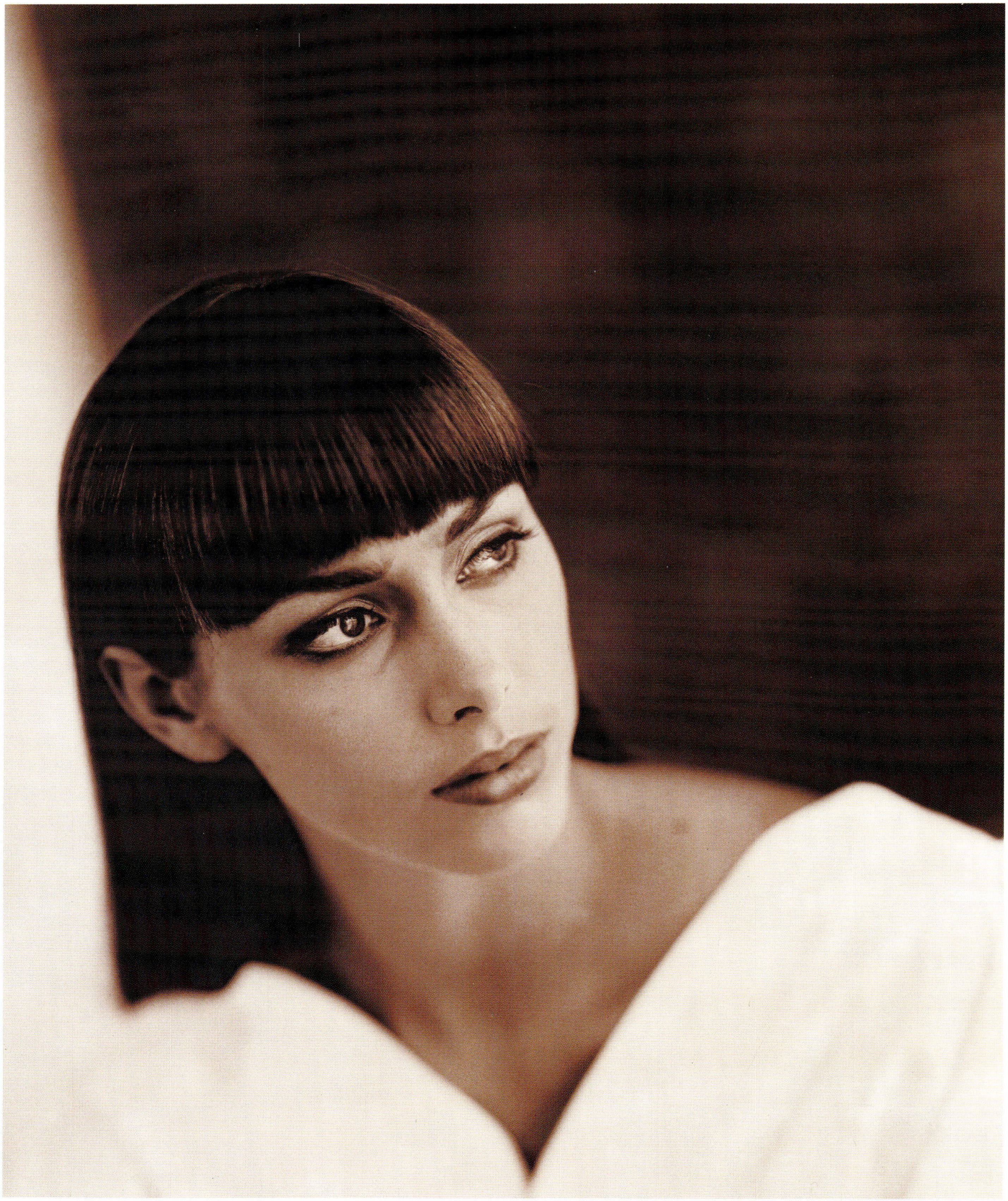

Menschen und Kamera

Peoplefotografie ist etwas Besonderes. Der Fotograf wählt nicht irgendein sachliches Objekt als Motiv, sondern er will einen Menschen fotografieren. Das Motiv ist nun plötzlich keine Sache mehr, sondern eine Persönlichkeit – mit Charakter und Ausstrahlung. Das soll im Bild zum Ausdruck kommen.

Wie in keiner anderen Art der Fotografie beginnt dabei plötzlich eine Beziehung zwischen dem Fotografen und seinem Motiv zu spielen, die sich in einem Dialog, in einer gedanklichen Auseinandersetzung, aber auch in einer gegenseitigen Erwartungshaltung äussert. Nicht nur der Fotograf ist aktiv, sondern auch sein Modell. Diese Beziehung zwischen dem Modell und dem Fotografen, diese gegenseitige Herausforderung, lässt die Peoplefotografie zu einem aussergewöhnlichen Ereignis werden, das sich mit keinem anderen fotografischen Thema vergleichen lässt. Es ist eine menschliche Beziehung, die zunächst weit über der fotografischen Idee und erst recht über aller fotografischen Technik steht. Kommt dieser Dialog zwischen Modell und Fotograf nicht zustande, so werden sehr wahrscheinlich auch die Bilder nichtssagend und ausdruckslos.

Wenn in diesem Kapitel von Modell gesprochen wird, so sind damit ganz einfach Personen gemeint, die sich fotografieren lassen oder fotografiert werden. Ob es sich dabei um Fotomodelle im eigentlichen Sinn des Wortes, um Amateurmodelle oder ganz einfach um Menschen von der Strasse handelt, spielt zunächst keine Rolle. Wir werden diesem Aspekt die beiden besonderen Abschnitte «Der Fotograf und sein Modell» und «Das Modell und sein Beruf» in diesem Kapitel widmen.

Was ist Peoplefotografie?

Ganz klar: Aufnahmen von Menschen. Je länger man darüber nachdenkt, desto unklarer wird der Begriff. Menschen wo? Menschen sind überall. Der Reportagefotograf nimmt Menschen in ihrer Umgebung auf, um irgendeine redaktionelle Story zu illustrieren; am Arbeitsplatz, in der Freizeit, auf Reisen, im Krieg. Für ihn ist das Peoplefotografie.

Thomas Heinser hat bei diesem Porträt die Verstellmöglichkeiten seiner Sinar p2 praktisch genutzt und auf die fast vollständige Auflösung des Hintergrundes geachtet.

Anders der Porträtfotograf, der sich im Studio bemüht, seine Kunden so zu porträtieren, dass das Bild ihrer Idealvorstellung entspricht. Oder der Modefotograf, der in erster Linie ein Kleid optimal auf seinen Bildern zu präsentieren hat. Das Modell darin ist eigentlich – man verzeihe mir den saloppen Ausdruck – nur Mittel zum Zweck. Oder der künstlerische Fotograf, der mit seinem Aktmodell faszinierende Körperstudien in einer Harmonie von Licht und Schatten inszeniert. Oder der Gruppenfotograf, der gerade dabei ist, in minutiöser Arbeit den Verwaltungsrat eines Konzerns so zu arrangieren, dass eine bestimmte Hierarchie eingehalten ist und sich niemand benachteiligt vorkommt. Sie alle fotografieren «People» ...

Peoplefotografie, so wie sie in diesem Buch verstanden werden soll, befasst sich in erster Linie mit Porträts, Ganzpersonendarstellungen und Gruppenaufnahmen, die im Studio, on location oder im Freien mit der Grossformatkamera aufgenommen werden.

Weshalb Grossformat? Ist nicht gerade bei Peopleaufnahmen die schnelle Kleinbild- oder die noch handliche Mittelformatkamera der stativgebundenen Fachkamera überlegen?

Wie wir im Kapitel *das Werkzeug* noch sehen werden, haben sowohl Kleinbild- und Mittelformat- als auch Grossformatkameras in der Peoplefotografie ihre klar bevorzugten Einsatzgebiete. Kein Peoplefotograf wird ausschliesslich mit Kleinbild oder nur mit der grossformatigen Fachkamera arbeiten.

Naheliegenderweise geht es in dieser Buchreihe «Kreatives Grossformat» in erster Linie darum, die Vorzüge der Arbeitsweise mit der Fachkamera zu erläutern, die einerseits im grösseren Format mit einer überzeugenden Bildqualität liegen und andererseits durch ihre Verstellmöglichkeiten mit voller Kontrolle der Schärfelage und der Perspektive der starren Kamera überlegen sind.

Betrachtet man die Peoplefotografie unter diesem Aspekt, so lässt sie sich in vier Motivbereiche unterteilen:

1. Porträt, das Aussehen und Wesen einer Person in einem Bild zum Ausdruck bringt.

2. Ganzpersonenbild, bei dem die Person als Figur, eventuell bei einer gewissen Tätigkeit, aufgenommen wird (z.B. Modefotografie).

3. Gruppenbild, bei dem mehrere Personen in einem thematischen Zusammenhang abgebildet werden (szenische Fotos).

Walter Scheels fasst seine eindrucksvollen Schwarzweissporträts mit einer Deardorff 13 x 18 cm formatfüllend mit einer langen Brennweite auf.

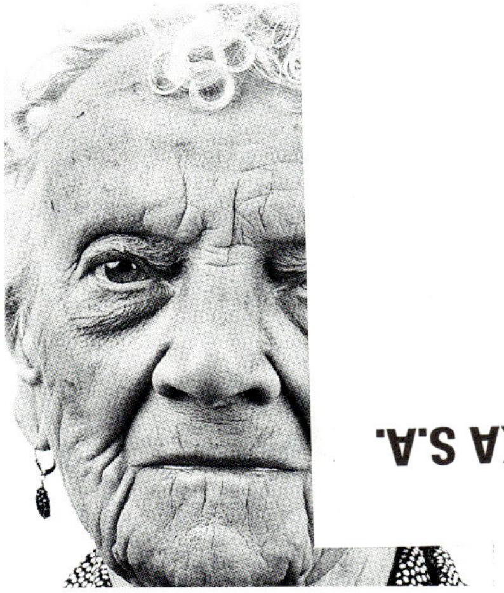

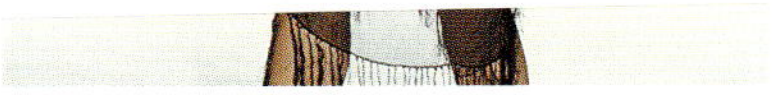

id liebt
ıaufnah-
ıit seiner
ırmat
inem wei-
litz

Mit filmähnlichem Regieaufwand fotografiert Hannes Kirchhof lebensnahe Szenen. Er benutzte dazu eine Sinar p2.

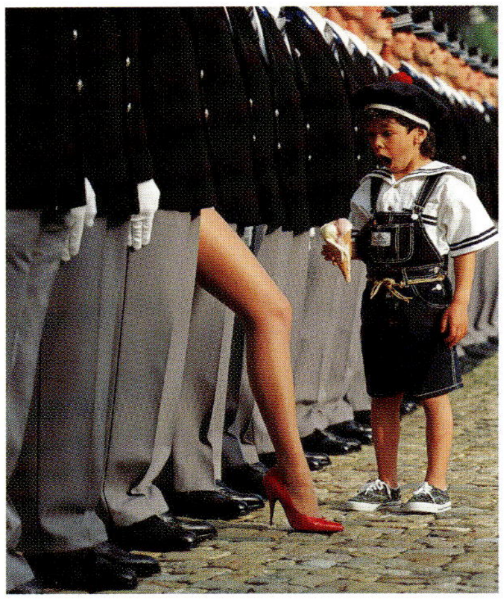

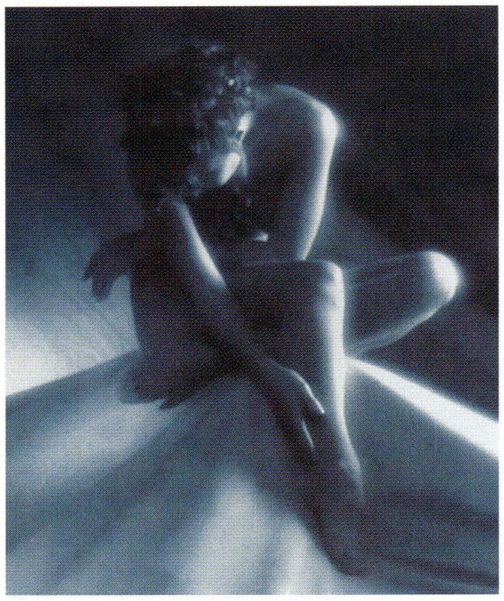

Für zarte, stimmungsvolle Aktaufnahmen werden häufig Weichzeichner verwendet, in Form von Spezialobjektiven, optischen Vorsätzen oder improvisierten Hilfsmitteln.
Foto: Martin Riedl.

4. Studien von Personen in Bewegung, in einer bestimmten Situation oder in einer bestimmten Lichtgestaltung (z.B. Aktaufnahme).

Bei allen diesen Motivbereichen kann es sich sowohl um Auftragsarbeiten oder um freie Aufnahmen für den kreativ arbeitenden Fotografen handeln.

Der Fotograf und sein Konzept

Bevor der Fotograf mit seinen Aufnahmen beginnt, muss er sich darüber im klaren sein, für wen die Bilder bestimmt sind. Handelt es sich um freie Aufnahmen oder um einen Auftrag? In jedem Fall geht der Aufnahme ein Konzept voraus, das vorzugsweise in schriftlichen Stichworten festgehalten und eventuell von einfachen Skizzen begleitet ist, oder mindestens gedanklich durchgearbeitet sein sollte.

Die Frage nach dem Verwendungszweck der Aufnahmen sollte dabei im Vordergrund stehen:

- Die Bilder müssen in erster Linie der abgebildeten Person gefallen. Eventuell entstehen sie sogar in deren Auftrag.
- Die Bilder sind auf eine ganz bestimmte Zielgruppe ausgerichtet, zum Beispiel Empfänger einer Werbebotschaft, Leser einer Zeitschrift, Bildbetrachter in einer Galerie.
- Die Bilder entstehen als freie Arbeit des Fotografen und stehen eventuell im Einklang mit anderen Arbeiten zu einem verwandten Thema.

In den beiden ersten Fällen muss der Fotograf vor allem die Wünsche seiner Auftraggeber, sei es die abgebildete Person selbst oder der Kunde, berücksichtigen und die eigenen Interessen zurückstellen. Nur im dritten Fall, bei dem es sich um freie Arbeiten handelt, darf er seiner Kreativität freien Lauf lassen – immer vorausgesetzt, sein Modell spielt mit.

Im ersten Fall, in dem das Modell ein gutes Bild von sich selbst haben möchte, bleibt dem Fotografen ein relativ grosser kreativer Freiraum. Ein Modell wird kaum abgeneigt sein, den Ideen des Fotografen zu entsprechen. Schliesslich hat der Fotograf die Erfahrung und das Auge dafür und weiss, wann eine Aufnahme gut wird und was für welche Person besonders vorteilhaft ist. Allerdings ist auch hier das Vorgespräch mit dem Modell wichtigste Erfolgsvoraussetzung, denn das Modell hat sich lange vor der Sitzung beim Fotografen intensiv damit auseinandergesetzt, wie es am vorteilhaftesten wirkt und wie es gerne abgebildet sein möchte. Das Modell kennt seine «Schokoladenseite» von früheren Aufnahmen nur zu gut, und es weiss genau, welche Posen und welche Mimik vorteilhaft sind. Es wird alles daran setzen, dass dieses Wunschbild, mit Hilfe des Fotografen und dessen Fähigkeiten, realisiert werden kann. Wichtig ist der ständige Dialog zwischen Fotograf und Modell auch während dem Fotografieren. Gute Peopleaufnahmen entstehen nicht zufällig, sondern sie gehen aus einer intensiven Beziehung zwischen Fotograf und Modell hervor.

Sind die Aufnahmen nicht für das Modell – oder den Fotografen – selbst gedacht, so steht meistens ein konkreter Auftrag eines Kunden im Vordergrund. In den meisten Fällen sind es Werbeaufnahmen, bei denen ein bestimmtes Produkt von einer Person optimal präsentiert werden soll, so dass beim Bildbetrachter der Wunsch entsteht, das Produkt zu besitzen oder die Rolle des Modells zu übernehmen. Oft entspricht der Kundenwunsch keineswegs der idealen Vorstellung des Fotografen oder seines Modells, und in vielen Fällen kann sich weder das Modell noch der Fotograf mit dem beworbenen Produkt voll identifizieren. Hier steht einzig und allein der Auftrag im Zentrum, und alle drei, der Fotograf, das Modell und der Auftraggeber (bzw. die Werbeagentur), werden alles daransetzen, das klar formulierte Ziel des Kunden zu erreichen. Dabei darf nicht übersehen werden, dass es sich beim Kunden in der Regel um eine sehr fotogewohnte Person handelt, die das Ergebnis äusserst kritisch beurteilen wird. Deshalb stellt diese Auftragsfotografie für den Fotografen und das Modell eine sehr grosse Herausforderung dar. Besonders der Fotograf wird alle Register seiner Kunst ziehen müssen, denn unter Umständen geht es bei dem gewünschten Bild gar nicht mehr um die Aufnahme eines Menschen, sondern in erster Linie um eine reine Sachaufnahme. Dem Modell fällt hierbei eine sekundäre Rolle zu. Vielleicht ist es auch kaum auf der Aufnahme sichtbar, oder es genügt ein Gesichtsausschnitt oder eine Hand, um der Idee der Aufnahme gerecht zu werden.

Anders ist es im Falle der Beauty- und Modefotografie, bei der ein Kosmetikprodukt oder ein Kleid bestmöglich in der Aufnahme präsentiert werden soll. Hier ist das Modell auf fremde Hilfe angewiesen, auf eine Visagistin, die sich auf das professionelle Schminken versteht, auf den Hair-Artisten, der die Haare frisiert, und auf die Stylistin, die sich um das Kleid und das passende Dekor kümmert. Oft sind solche Produktionen – vor allem mit mehreren Modellen – sehr aufwendig, so dass ein Art Director oder ein Regisseur beigezogen wird, um die Vorstellung des Kunden unter Studiovoraussetzungen optimieren zu können.

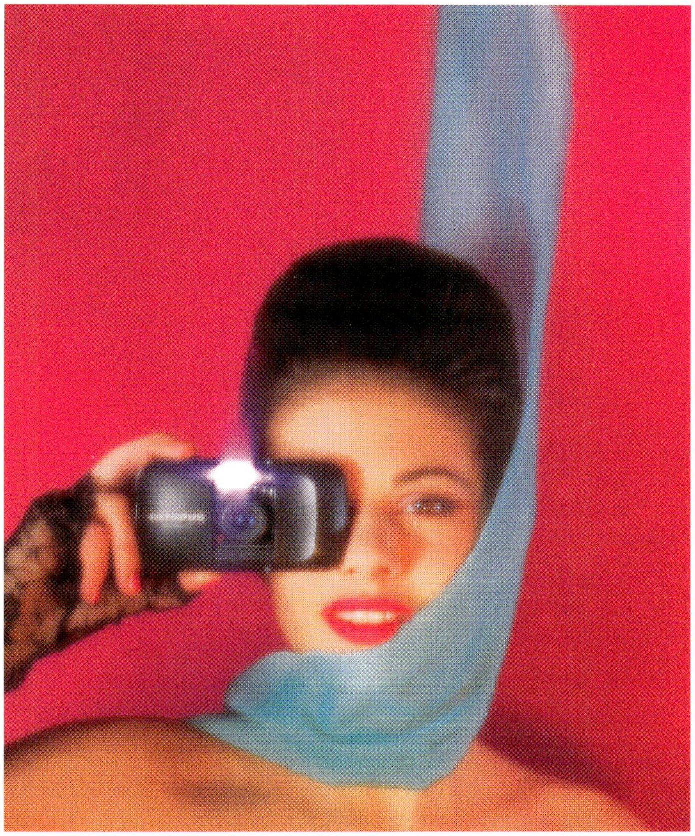

In der Werbefotografie wird streng nach Konzept gearbeitet. Das Bild muss der Idee der Werbeagentur entsprechen, damit sie optimal zur Gestaltung und zur textlichen Aussage passt.
Foto: Norbert Guthier, Kamera: Sinar p2 mit 240-mm-Objektiv.

Interessant, dass sehr viele Peoplefotografen, die im Auftrag arbeiten, sich auch in ihren freien Arbeiten mit dem Thema «Menschen» auseinandersetzen. Das ist in anderen fotografischen Bereichen kaum der Fall, oder kennen Sie einen Still-Life-Fotografen, der in seiner Freizeit noch Zigarettenpackungen auf dem Aufnahmetisch ins rechte Licht rückt?

Anders bei der Peoplefotografie: Viele Fotografen nutzen die Gelegenheit und bitten das engagierte Profimodell, gleich noch für einige freie Aufnahmen Pose zu stehen. Das kommt in erster Linie daher, dass zwischen Modell und Fotograf während der Zusammenarbeit eine starke zwischenmenschliche Beziehung aufgebaut wurde, zudem wird der Fotograf sein Modell mit einigen Prints entschädigen, die dann in der Bildkollektion des Modells eine willkommene Bleibe finden.

Weiter gibt es aber auch eine ganze Reihe von Fotografen, die auf ganz andere Motivbereiche spezialisiert sind und sich lediglich, um ihre eigene Kreativität auszuleben, mit der Peoplefotografie befassen. Dazu gehören nicht nur Porträts, sondern auch Aktaufnahmen, die nur in den seltensten Fällen Gegenstand von Aufträgen sind, sondern meistens aufgrund eigener Ideen und Bildvorstellungen entstehen. Der Fotograf verfolgt dabei das Ziel, etwas ganz Bestimmtes mit seinen Bildern auszusagen. Fotografie wird hier zum Kommunikationsmedium – zur Bildersprache.

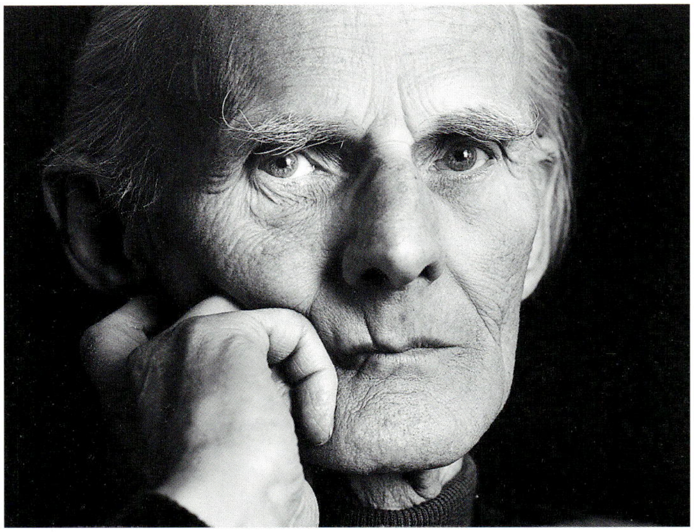

Mit wenig Mitteln gestaltet Alexander Beck seine ausdrucksstarken Schwarzweissporträts. Das Breitformat der Aufnahme unterstreicht den starken Augenausdruck der abgebildeten Person zusätzlich. Kamera: Sinar Norma.

Der Fotograf und sein Modell

Für manchen Fotografen, der in der freien, kreativen Peoplefotografie seine Ideen verwirklichen will, stellt die Modellsuche ein echtes Problem dar. Besonders Amateurfotografen, die noch wenig Bild-Erfolge vorweisen können und sich nicht bloss an Porträts, sondern auch an Aktaufnahmen heranwagen möchten, haben oft grosse Mühe, ein Modell zu finden, das sich gerne für Aufnahmen zur Verfügung stellt. Die besten Chancen dürfte der seriöse Fotograf in seinem Bekanntenkreis haben, während die Arbeit mit professionellen Modellen in den meisten Fällen aus Kostengründen kaum in Betracht kommt.

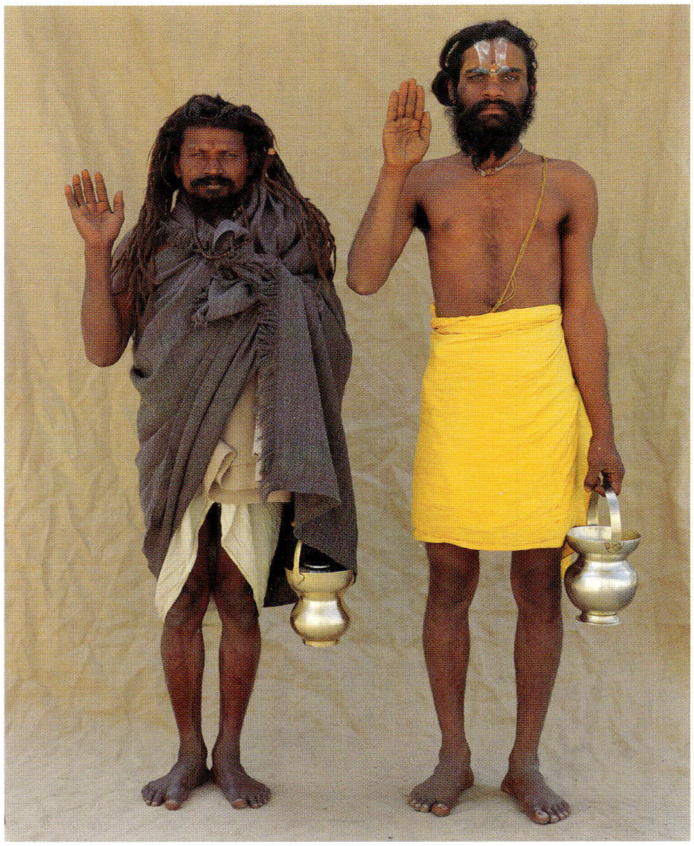

Peter Eising hat mit seiner Sinar f2 in Indien und Nepal Wandermönche fotografiert. Er hat dazu mit einem Stoffhintergrund im Schatten von Gebäuden sein Studio aufgebaut und die Mönche so fotografiert, wie sie sich darstellen wollten.

Modelle über Anzeigen in Zeitungen oder Fotozeitschriften zu suchen ist weniger empfehlenswert, da sich darauf sehr oft Modelle melden, denen es eigentlich weniger ums Fotografieren geht und die sehr oft auch als Fotomodelle nicht sehr geeignet sind. Lohnender ist es, wenn man Personen anspricht, die von ihrem Beruf oder ihrer Ausbildung her künstlerisch, tänzerisch oder schauspielerisch tätig sind. In der Regel sind sie sehr an einer Zusammenarbeit mit einem Fotografen interessiert, um gute Bilder von sich selbst zu erhalten. Dass der Fotograf ihnen diese kostenlos anfertigt, ist wohl eine Selbstverständlichkeit.

Berufsfotografen haben es bei der Modellsuche erheblich einfacher, weil sie sich für Auftragsaufnahmen mit einer Modellagentur in Verbindung setzen und den gewünschten Typ anhand von Sed-Karten (benannt nach dem Agenturinhaber Parker-Sed, der solche Modellkarten erstmals praktisch einsetzte) aussuchen können. In grossen Werbeagenturen oder Redaktionen grosser Zeitschriften gibt es für dieses «Casting» Spezialisten oder Spezialistinnen, die sich ausschliesslich mit der Modellwahl befassen. Die Kosten für die Session werden dem Auftraggeber weiterverrechnet. Hier dürfte eine Schwierigkeit darin liegen, nicht irgendein Modell, sondern für eine bestimmte Aufgabe das richtige Modell zu finden. Der Kunde, der Art Director und der Fotograf haben oft sehr unterschiedliche Vorstellungen vom aufgabenspezifisch «idealen» Modell, und es ist dann fraglich, ob diese Idealfrau oder dieser Idealmann gerade in der Kartei der Agentur XY vorhanden ist. Ganz so einfach haben es also die Profis mit ihren Modellen auch wieder nicht ...

Handelt es sich bei den Aufnahmen um eine wichtige Kundenarbeit, so sind unbedingt Probeaufnahmen zu empfehlen. In der Regel steht dazu ein Anfängermodell, im Hinblick auf den grossen Auftrag, kostenlos oder zu einem stark reduzierten Stundensatz zur Verfügung. Es geht bei den Probeaufnahmen erstens einmal darum, sich menschlich zu «beschnuppern» und die gegenseitige Zusammenarbeit zu erproben. Zweitens kann der Fotograf seine Probebilder dem Kunden vorlegen, um mit ersten Bildern seine Wahl des Modells zu dokumentieren.

Ob der Fotograf mit einem Amateur- oder einem Profimodell arbeitet, ist, zumindest anfänglich, ein grosser Unterschied. Das Profimodell hat Erfahrung, sich vor der Kamera zu bewegen. Es weiss, was die Fotografen wollen, und bringt so die besten Voraussetzungen für eine gute Zusammenarbeit zwischen Modell und Fotograf mit.

Das ist bei Amateurmodellen oder Leuten aus dem Bekanntenkreis, die sich für ein paar Aufnahmen zur Verfügung stellen, in der Regel anders. Viele Personen haben Hemmungen, sind durch die ungewohnte und techniklastige Studioatmosphäre verunsichert und befürchten, den Anforderungen, die der Fotograf an sie stellt, nicht gewachsen zu sein, etwas falsch zu machen und sich vor der Kamera ungeschickt zu benehmen. Zudem zweifeln sie plötzlich daran, «fotogen» zu sein! Einzig und allein das Gespräch mit dem Modell hilft über diese Hürde hinweg. Der Fotograf muss mit dem Modell einen ständigen Dialog führen und ihm erklären, was er will. Vor allem das ungeübte Modell sollte immer wieder mit positiven Bemerkungen motiviert werden. Dabei ist der Fotograf auch in seiner einfühlenden Ausdrucksweise gefordert. Und ein ganz wichtiges Auflockerungsmittel für die Atmosphäre im Studio, ist eine passende Musik, die dem Modell zusagt.

Das Modell ist auf das Ergebnis ebenso gespannt wie der Fotograf. Ein Sofortbild, das der Fotograf zwischendurch mit seiner Grossformatkamera belichtet, kann Wunder wirken, vor allem, wenn das Modell dieses nach der Sitzung gleich mitnehmen darf. Sind die Filme entwickelt, so sollte der Fotograf unbedingt alle Aufnahmen, mindestens im Form von Blattkopien, mit dem Modell zusammen ansehen und besprechen. Dabei soll die Selektion nach guten, brauchbaren und schlechten Bildern zusammen vorgenommen werden, damit das Modell die Entscheidungskriterien des Fotografen begreift. Das kann für spätere Sitzungen sehr gute Voraussetzungen ergeben.

Für den Fotografen ist es ein grundlegender Unterschied, ob er eine Person im Auftrag fotografiert oder ob es sich um eine freie Arbeit handelt. Bei der Auftragsarbeit wird der Fotograf die Person so im Bild darstellen müssen, wie sie sich sehen will, während er bei der freien Arbeit dazu neigt, die Person eher so zu zeigen, wie sie ist. Da können die Welten weit auseinander liegen! Jede Person hat eine gewisse Idealvorstellung von sich selbst oder ein Wunschbild, das leider nicht immer der Realität entspricht. Im Gespräch oder durch gewisse Äusserungen des Modells findet der aufgeschlossene Fotograf sehr schnell heraus, was das Modell will und welches seine «Fotografierseite» ist.

Neben jemanden so zu fotografieren, «wie er ist», oder jemanden so darzustellen, «wie er sich sehen will», gibt es noch eine dritte Möglichkeit: jemanden so zu fotografieren, «wie er sich gibt». Vor allem Kinder sind darin Weltmeister. Sie spielen gerne eine Rolle und verblüffen oft mit einer Mimik und einer Geste den Fotografen, der (hoffentlich) in der Lage ist, die Situation blitzschnell zu erfassen. Abgesehen davon gibt es auch erwachsene Modelle, die schauspielerisches Talent haben und vor der Kamera eine gewisse Rolle spielen können. Naheliegenderweise sind Schauspieler dazu ideale Modelle, und für den Fotografen kann eine solche Zusammenarbeit geradezu ein idealer Glücksfall sein.

Wie bereits erwähnt, ist es ausserordentlich wichtig, dass man die Bildergebnisse mit dem Modell zusammen beurteilt. Oft sind sich Modell und Fotograf nicht einig,

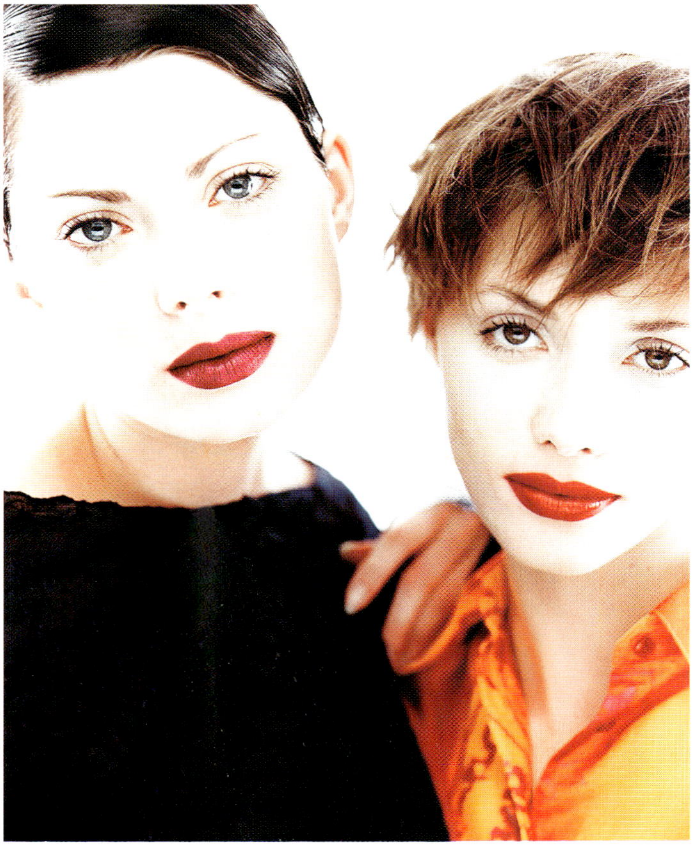

Doppelporträts verlangen vom Fotografen höchste Konzentration, um jenen Augenblick zu erwischen, in dem beide Gesichter einen ähnlichen Ausdruck zeigen. Das ist Akos, der mit einer Sinar f2 fotografierte, in diesem Bild hervorragend gelungen.

welche Bilder vorteilhaft und welche weniger gut sind. Das hängt einerseits mit der Idealvorstellung des Modells zusammen, andererseits aber auch mit der Tatsache, dass sich das Modell meistens seitenverkehrt sieht, nämlich im Spiegel. Der Test zu diesem Spiegeleffekt ist leicht zu machen: Wendet man ein Dia auf dem Leuchttisch, oder stellt man von einem bestimmten Bild eine seitenverkehrte Vergrösserung her, so wird das Modell diese Variante bevorzugen, weil sie der ihr bekannten gespiegelten Ansicht eher entspricht. Besonders Personen mit einem sehr asymmetrischen Gesicht (z.B. einseitig betonte Frisur) reagieren sehr deutlich darauf.

Das Recht am Bild

Sowohl für Amateur- als auch für Profifotografen ist die rechtliche Seite zu bedenken, wenn das Modell nicht über eine Agentur gebucht wird. Schliessen Sie auf jeden Fall einen Modellvertrag ab, wie er auf Seite 19 abgedruckt ist. Aus diesem muss hervorgehen, dass das Modell für eine klar definierte Art von Aufnahmen entschädigt wurde, dass vom Fotografen das Recht der Bildverwendung in Form eines Honorares abgegolten wurde (oder bei Verwendung abgegolten wird) und dass jegliche Ansprüche von Drittpersonen ausgeschlossen sind. Vergessen Sie dieses wichtige Stück Papier, oder halten Sie es aufgrund des «guten Kontaktes» zum Modell für überflüssig, so können Ihnen zu einem späteren Zeitpunkt grosse Unannehmlichkeiten mit erheblichen Kostenfolgen entstehen.

Grundsätzlich ist dem Fotografen ohne schriftliche Zusicherung des Modells (Modellvertrag, Agenturvertrag) die Veröffentlichung der Aufnahmen untersagt. Das Modell besitzt ein «Recht am eigenen Bild» und ist durch das Persönlichkeitsrecht geschützt. Strenggenommen ist sogar ein Vorzeigen der Bilder an Drittpersonen bereits eine Veröffentlichung. Auch ist die Art der Veröffentlichung und eine finanzielle Nutzung der Bilder im Modellvertrag zu umschreiben, denn es ist ein Unterschied, ob der Fotograf das vom Modell zugesicherte Recht hat, die Bilder ohne zeitliche Begrenzung frei zu verwenden, oder ob die Bilder nur in Verbindung mit einem bestimmten Zweck verwendet werden dürfen.

Selbstverständlich lässt sich eine solche Vereinbarung auch hinterher noch in Form eines schriftlichen Nachtrags ändern, doch führt dies in der Regel eher zu unklaren Situationen und Rechtslagen, als wenn die Verwendung von Anfang an klar definiert im Vertrag festgehalten ist.

Das Modell und sein Beruf

Die Rolle des Modells wird aus Fotografensicht sehr häufig unterschätzt. Der Beruf des Fotomodells ist eine sehr vielseitige und interessante Arbeit. Jeder Auftrag stellt einen neue Herausforderung dar, und die Zusammenarbeit mit jedem Fotografen ist anders.

Allerdings: Der Modellberuf ist alles andere als einfach; nicht nur der Voraussetzungen wegen, die ein Modell erfüllen muss (Schönheit, Beweglichkeit, Anpassungsfähigkeit etc.), sondern auch, was der Berufsalltag mitsichbringt. Ein ambitioniertes, gut arbeitendes Modell reist viel und ist dabei in fremden Kulturen und Städten ganz auf sich alleine gestellt. Einzige Kontaktstelle ist die Agentur. Es macht dabei die unterschiedlichsten Erfahrungen und muss auch einen Spürsinn für gefährliche Situationen jeder Art entwikkeln. In der Regel gewinnt das Modell dadurch gute Menschenkenntnisse und viel Selbstsicherheit. Diese Selbstsicherheit braucht das Modell auch vor der Kamera. Es muss sich «schön» fühlen, und es muss sich wohl fühlen, in den Kleidern, die es trägt, damit es sich sicher bewegen kann. Das Modell ist beim Aufbau seiner Karriere weitgehend auf sich selbst gestellt – eine Karriere, die auch sehr rasch wieder zu Ende sein kann. Und, wie in jedem Beruf, ergibt sich auch für ein Fotomodell eine gewisse Spezialisierung, die letztlich in der Routine endet. Das bringt auch die Beziehung zum Fotografen und zum Kunden mit sich.

Einige Fallbeispiele: Angelika ist eigentlich per Zufall an den Auftrag für Kosmetikwerbung herangekommen, und der Kunde wird in Zukunft alles daransetzen, dieses junge Gesicht weiterhin für seine Werbung möglichst exklusiv verwenden zu dürfen. Ob das Modell will oder nicht, es ist für die betreffende Kosmetikmarke bereits Bestandteil des Erscheinungsbildes geworden.

Esther hat wiederum den Stress der Aufnahmen für den Katalog eines grossen Versandhauses vor sich. Zwei Wochen wird durchfotografiert. Zusammen mit fünf Kolleginnen präsentiert sie Mode, Bettwäsche, Unterwäsche und so weiter ... Kaum Zeit zum Durchatmen. Ein ganzes Heer von Stylisten, Visagisten, Dekorateuren, Redakteuren, Fotografen und Assistenten beleben das Studio. Dazu immer lächeln, das Gesicht der «glücklichen Käuferin» aufsetzen und morgens um neun ebenso fit draufsein wie abends um elf. Esther spielt ihre Rollen durch. Die Gage stimmt, und der Regisseur scheint mit ihr zufrieden zu sein. Ist sie es auch? Keiner fragt danach ...

Und doch sagt den Fotomodellen, trotz aller Hektik, ihr Beruf zu. Allerdings sind die Erfahrungen, die sie mit den Fotografen machen, sehr unterschiedlich. Der eine sieht bloss seinen Auftrag vor sich und findet kaum Zeit zu einigen Worten mit dem Modell. Jeder tut halt seinen Job. Der andere weiss die gute Zusammenarbeit zu schätzen und lädt sein Team mit dem Modell hin und wieder mal zu einem Glas Wein oder zu einem Essen ein.

Modellvertrag*

Zwischen *(Name und Anschrift des Modells)*
und *(Name und Anschrift des Fotografen)* wurde folgender Vertrag geschlossen:

Die am *(Datum)* angefertigten Aufnahmen dürfen uneingeschränkt und unwiderruflich für Werbe-/ Publikationszwecke veröffentlicht werden. Ansprüche gegen Dritte sind dabei ausgeschlossen.
Als einmaliges Honorar wurden DM/öS/Fr. ...., in Worten DM/öS/Fr. .... vereinbart.
Das Modell bestätigt mit seiner Unterschrift unter diesem Vertrag gleichzeitig den Erhalt des vereinbarten Honorars in bar.
Das erhaltene Honorar wird vom Modell selbst versteuert.
Weitere Sondervereinbarungen und Absprachen wurden nicht getroffen.

(Ort), den *(Datum)* *(Unterschrift des Modells)*

Zusatzvereinbarung bei Minderjährigen
Wir sind damit einverstanden, dass die von unserem Sohn/unserer Tochter angefertigten Fotos ohne Einschränkung im Sinne der obigen Vereinbarung veröffentlicht werden dürfen. Etwaige Absprachen gegenüber Dritten bleiben ausgeschlossen. Das o. a. Honorar wurde ordnungsgemäss ausbezahlt.

(Ort), den *(Datum)* *(Unterschrift des Erziehungsberechtigten)*

Vertrag über Beteiligung*

Zwischen *(Name und Anschrift des Modells)*
und *(Name und Anschrift des Fotografen)* wurde folgender Vertrag geschlossen:

a) Für die am *(Datum)* angefertigten Aufnahmen erhält das Modell ein Honorar in Höhe von DM/öS/Fr. ...., in Worten DM/öS/Fr. ....
b) Bei Veröffentlichungen wird das Modell an den Veröffentlichungshonoraren mit *X* % beteiligt. Der Fotograf rechnet mit dem Modell unter Vorlage der Originalabrechnungen des Abnehmers ab. (Im Falle, dass nur Absatz b) als Vertragsvereinbarung in Frage kommt, gilt Absatz a) als gestrichen.)
- Die Abrechnung mit dem Modell hat spätestens zum Ende eines jeden Kalenderjahres zu erfolgen.
- Alle erhaltenen Honorare werden vom Modell selbst versteuert und dem Fotografen nach Abstimmung der Summe in Rechnung gestellt.
- Über die Art der Veröffentlichung entscheiden uneingeschränkt und unwiderruflich Fotograf und Abnehmer. Ansprüche des Modells gegen Dritte sind in jedem Fall ausgeschlossen.

(Ort), den *(Datum)* *(Unterschrift des Modells)*

(Unterschrift des Fotografen)

Mögliche Sondervereinbarungen
Die Fotos dürfen nur bis zum *(Datum)* uneingeschränkt im Sinne des obigen Vertrages genutzt werden. Nach Ablauf des o. a. Datums werden neue Vereinbarungen zwischen Modell und Fotograf getroffen. Die Fotos dürfen *nur/nicht* im Ausland veröffentlicht werden.

* entspricht der Rechtslage und Gesetzgebung in der Schweiz, Deutschland und Österreich.

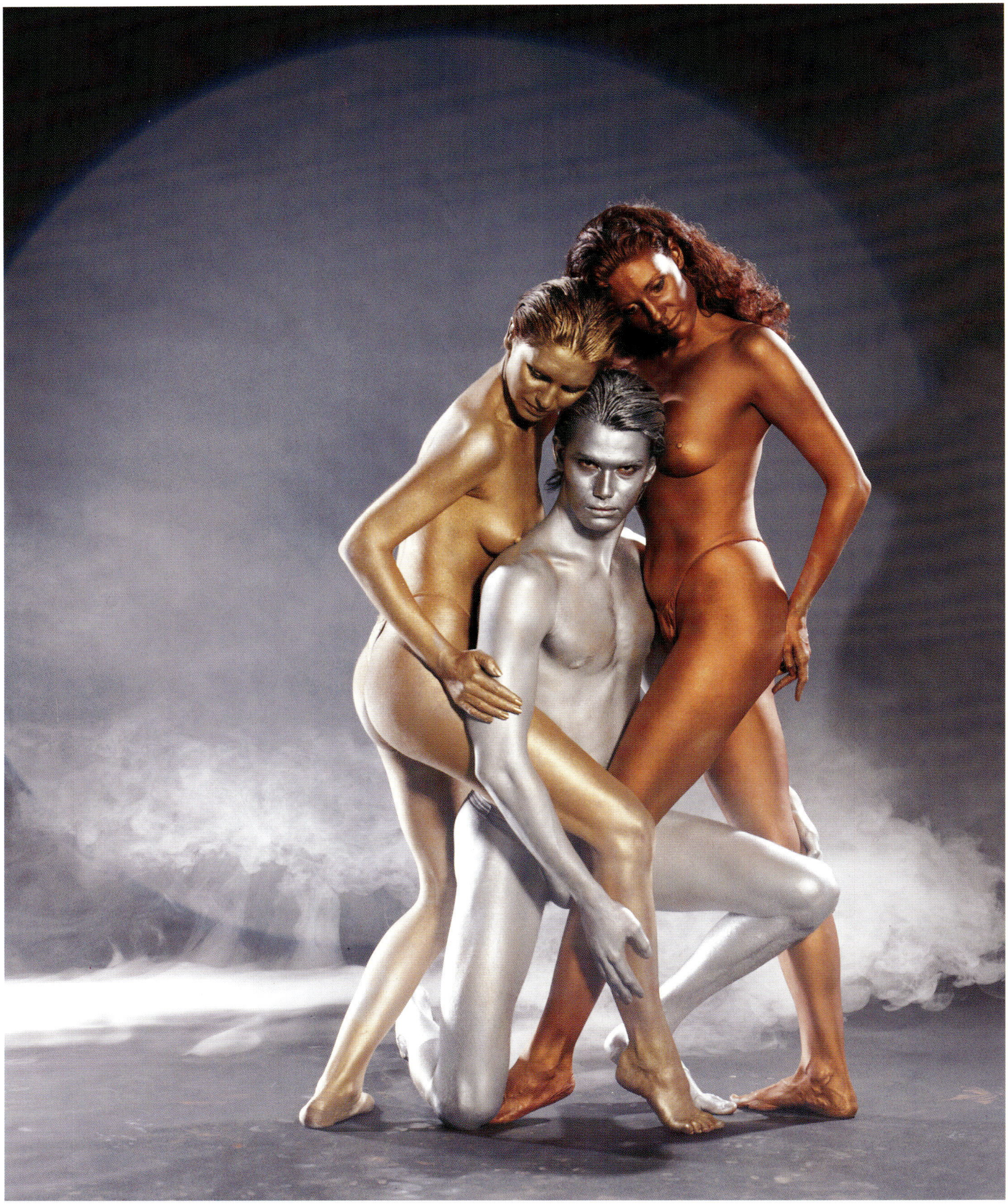

Das Werkzeug

Ob eine starre oder eine verstellbare Kamera verwendet werden soll, ist auch in der Peoplefotografie eine grundlegende Frage. Eine ganze Generation von Fotografen scheint die Vorzüge des grossen Formates auch bei Peopleaufnahmen wieder neu zu entdecken und pflegt das perfekte Einzelbild als echte Alternative zu den Shooting-Serien.

Respektvoll halte ich die Glasplatte eines frühen Fotografen in den Händen. Das Negativ zeigt das Porträt einer jungen Frau. Die Schärfe liegt nur auf dem Gesicht – Augen, Nase, Mund. Bereits der Haaransatz zeigt eine leichte Unschärfe, die nach hinten immer weiter zunimmt. Das verleiht der Aufnahme eine Tiefenwirkung – die dritte Dimension? In Gedanken stelle ich mir den Fotografen bei seiner Arbeit vor. In einem längeren Gespräch gibt er seinem Modell Anweisung, wie es sich gelöst und entspannt hinsetzen soll. Die Hand ist harmonisch ans Kinn gelegt, damit der Kopf seine Lage behält. Ins Gespräch vertieft, stellt er das Bild auf der Einstellscheibe scharf, blendet das Objektiv ab, schliesst den Verschluss, setzt die Kassette ein und zieht den Schieber. Das Modell hat den Augenblick des Auslösens kaum wahrgenommen. Eine einzige Aufnahme hat der Meister belichtet, und seine Erfahrung sagt ihm, dass sie gut ist.

Wenn ich daran denke, wie viele Hunderte von Porträtaufnahmen in den Ausschuss wanderten, die ich mit Kleinbild- oder Mittelformat geschossen hatte, befällt mich ein echter Respekt vor dem grossen Können. Diese Perfektion, diese Sicherheit sollte man erreichen, um ein wirklich guter Porträtfotograf zu sein.

Welches Format – welche Kamera?

Der Versuch, diese Arbeitsweise selbst mit der Grossformatkamera nachzuvollziehen, lohnt sich. Es ist eine völlig andere Art der Fotografie, bei der man sich voll auf die Aufnahme konzentriert und auf den Augenblick, in dem die Person den optimalen Gesichtsausdruck zeigt. Der Versuch bringt einem bei der Arbeit eine Sicherheit und ein grosses Selbstvertrauen zurück, das viele Fotografen mit der Kleinbildkamera verloren haben.

Das wohl am häufigsten verwendete Format für Porträtaufnahmen mit der Grossformatkamera ist 4 × 5″. Grössere Formate, wie 13 × 18 cm und 8 × 10″ verlangen noch längere Brennweiten, was die präzise Einstellung erschwert und einen kleineren Schärfentieferaum ergibt. Das verlangt auch vom Modell viel Konzentration: Es darf sich nach der Scharfeinstellung bis zum Moment des Auslösens keinesfalls bewegen, weil der Schärferaum unter Umständen nur wenige Zentimeter tief ist.

Die verstellbare Fachkamera ist aber nicht nur für grossformatige Planfilme ausgelegt. Mit der Sinar Rollfilmkassette Zoom 2 können auch Rollfilme 120 und 220 mit den Formaten 4,5 × 6, 6 × 6, 6 × 7, 6 × 9 und 6 × 12 cm benutzt werden *(siehe Grundlagenband 1.3).* Gerade in der Peoplefotografie kann die Arbeitsweise mit Rollfilmen dann interessant sein, wenn Aufnahmeserien vorgesehen sind

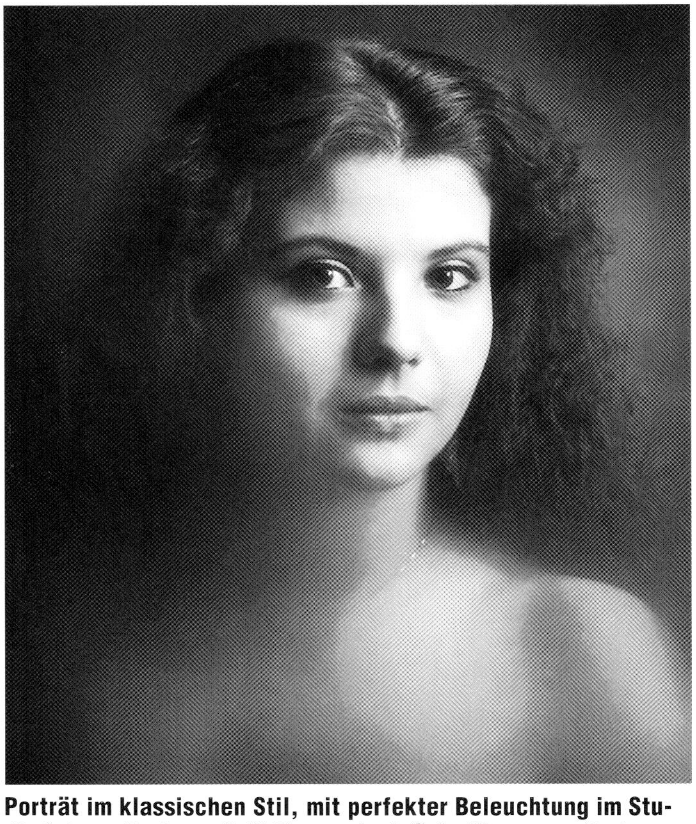

Porträt im klassischen Stil, mit perfekter Beleuchtung im Studio fotografiert von Rolf Wessendorf, Schaffhausen mit einer Sinar Norma 4 x 5″.

Gold, Silber, Bronze nennt Roland Schmid seine Bodypainting-Trilogie. Abgesehen vom perfekten Styling der Modelle verlangen solche Aufnahmen viel Regiekönnen vom Fotografen.
Kamera: Sinar f2, Visagistin: Karin Folgera.

Gruppenbildern einer solchen Dimension gehen lange Vorbereitungen voraus. Zuerst muss ein geeigneter Platz gefunden werden, dann muss akribisch festgelegt werden wer wo steht, und zuletzt muss jeder Person genau erklärt werden, was sie auf das verabredete Zeichen zu tun hat. Um die enorme Schärfenausdehnung zu erreichen, hat Dieter Schmidt an seiner Sinar 20 x 25 cm die vordere Standarte geschwenkt.

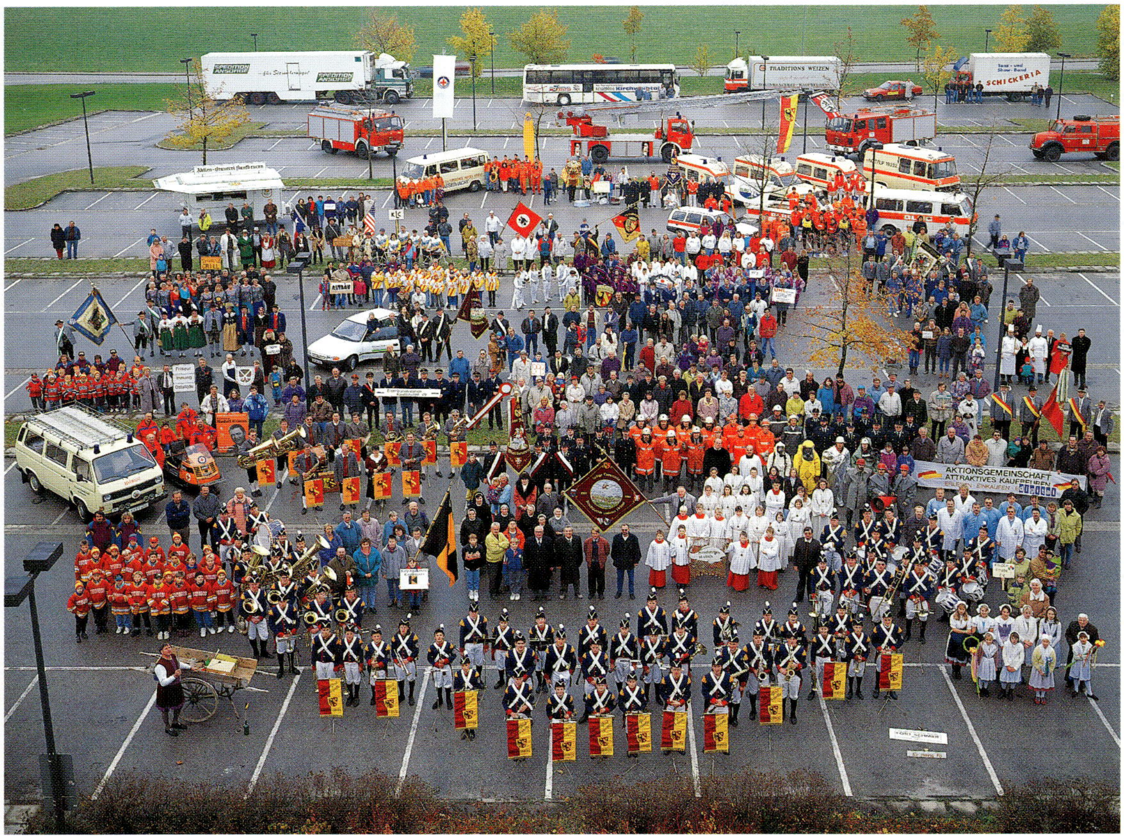

und die Bilder nicht allzu stark vergrössert werden. Mit der Sinar Rollfilmkassette Zoom 2 ist eine beste Filmplanlage gewährleistet, und sämtliche Verstellungen der Kamera können uneingeschränkt genutzt werden.

Die starre Kamera und ihre Einsatzmöglichkeiten

Grundsätzlich muss der Fotograf entscheiden, für welche Art von Peopleaufnahmen und welche Aufgaben er die Kleinbild- oder Mittelformatkamera einsetzt und dabei auf die Vorteile des grossen Ausgangsformates für die späteren Verwendungen verzichtet.

Während in anderen Anwendungsbereichen (z.B. in der Reportagefotografie) die Vorteile einer handlichen und «schnellen» Kamera ohne Stativ für sich sprechen, dürfte bei der Peoplefotografie mit Stativ die Grösse der Ausrüstung nur eine untergeordnete Rolle spielen. Die meisten Peopleaufnahmen finden ohnehin im Studio statt, in dem ein stabiles Säulenstativ vorhanden ist und die Grossformatkamera zur Standardausrüstung gehört.

Die Kleinbild- und Mittelformatausrüstung weist jedoch unbedingte Vorzüge auf, wenn Bilderserien von bewegten Objekten erstellt werden müssen und wenn hinterher aus einer ganzen Reihe von ähnlichen Aufnahmen das Topbild ausgesucht werden soll. Gerade in der Modefotografie mit mehreren Modellen, insbesondere mit Kindern, ist die schnelle Kleinbildkamera mit Motor ganz sicher richtig eingesetzt. Kommt noch hinzu, dass für die Kleinbildkamera hochempfindliche Filme angeboten werden, die in gewissen Fällen eingesetzt werden müssen.

Weiter ist es angebracht, Probeaufnahmen mit Modellen zu schiessen, um diese dem Kunden als Diskussionsgrundlage vorzulegen oder um mit einem bisher dem Fotografen unbekannten Modell erste Bildergebnisse zu besprechen.

Für viele Peoplefotografen, die heute mit Grossformat arbeiten, war die Kleinbild- oder Mittelformatkamera ein logischer Anfang, bevor sie sich an die Arbeitsmethode mit der Fachkamera auch im Peoplebereich gewöhnt hatten.

Die verstellbare Kamera und ihre Einsatzmöglichkeiten

Auf den ersten Blick scheint bei Peopleaufnahmen nur die bessere Vergrösserungsfähigkeit *(siehe Grundlagenband, Kapitel 1.3)* des grösseren Negativs bzw. Dias sowie die überlegene Schärfe für das Grossformat zu sprechen. Erst wenn man sich intensiver mit den Verstellmöglichkeiten, dem Schärfeausgleich *(siehe Grundlagenband, Kapitel 4)* und der Perspektivenkontrolle *(siehe Grundlagenband, Kapitel 4)* befasst und diese auch konsequent anwendet, wird dessen Vorteil gerade auch bei Aufnahmen mit Menschen offensichtlich. Nachdem man den Unterschied der Bildbetrachtung auf der Einstellscheibe der Grossformatkamera erlebt hat, erkennt man den Wert dieser erweiterten Bildbeurteilung.

Befinden sich mehrere Personen auf einem Bild, zum Beispiel eine Personengruppe oder auch nur schon ein Hochzeitspaar, bei dem die beiden Personen nicht nebeneinander, sondern seitlich hintereinander stehen, so kann eine Standartenschwenkung – und damit eine Verlagerung der Schärfeebene – schon eine wesentlich günstigere Schärfeverteilung im Bild ergeben. Vor allem kommt der Fotograf dann mit einer kleinen Arbeitsblende aus und kann die gewollte Unschärfe des Hintergrundes besser dosieren.

Auch die Perspektivkontrolle, die auf den ersten Blick vor allem eine sinnvolle Anwendung bei Sach- oder Architekturaufnahmen zu sein scheint, findet bei Peopleaufnahmen häufiger Anwendung, als man gemeinhin annimmt. Überall dort, wo Personen vor einem rechteckigen Objekt stehen, vor einem Gebäude oder beispielsweise einem Steinquader, muss der Fotograf die rechten Winkel ebenfalls als solche im Bild wiedergeben. Und schon ist der Fotograf wieder mit Standartenverstellungen konfrontiert, die nur mit der verstellbaren Grossformatkamera möglich sind.

Bei Peopleaufnahmen empfiehlt sich an der Sinar die Verwendung der Bino-Spiegellupe (siehe Grundlagenband 1.2), weil sie ein aufrechtes Einstellbild vergrössert zeigt. Für den Fotografen ist diese Einstellart nicht nur weniger ermüdend, sondern sie lässt eine präzisere Einstellung und das bessere Erkennen bildwichtiger Details zu.

Spezielle Technik für Peoplefotografie mit Grossformat

Ein unbestrittener Vorteil der Grossformatkamera, gerade für die Peoplefotografie, ist die Verwendungsmöglichkeit von grossformatigem Sofortbildmaterial. Mit einem 8 × 10″-Porträt, das innerhalb von wenigen Minuten fixfertig gerahmt verfügbar ist, lässt sich in jedem Porträtstudio leicht Geld verdienen. Das gilt natürlich auch für Probebilder, die man bei grossen Produktionen den Produzenten und Beratern gleich mitgeben kann, um beispielsweise den zum Bild passenden Text verfassen zu lassen oder weitere Gestaltungselemente zu erstellen, die im Endprodukt einen direkten Bildbezug haben werden.

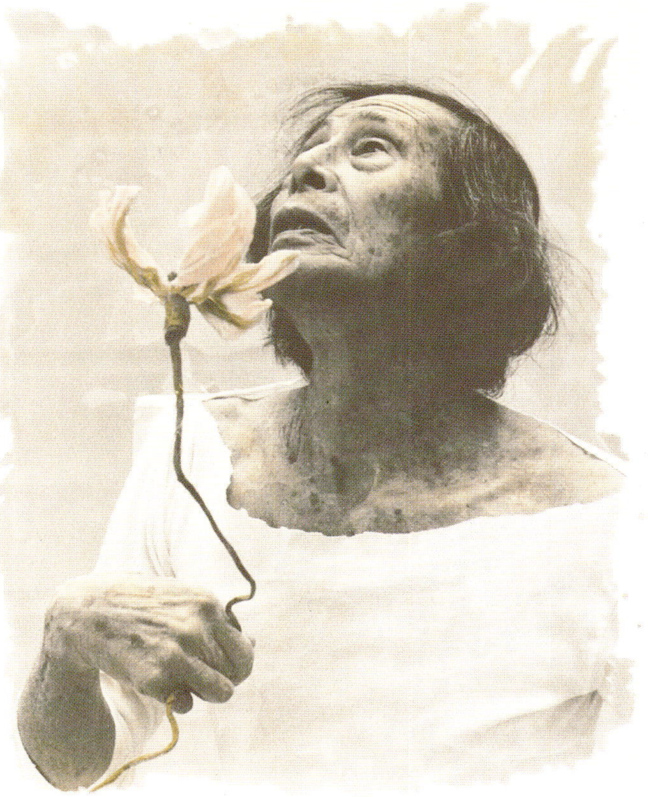

Der japanische Butoh-Tänzer Kazuo Ohno, von Thomas Ammerpohl mit einer 4 x 5″-Kamera fotografiert. Das Bild wurde nachträglich mit Hilfe der Polatransfer-Technik verfremdet und koloriert.

Image Transfer-Technik

In letzter Zeit besonders beliebt sind die Image Transfer-Techniken, bei denen das belichtete und anentwickelte Negativ von Polaroid Trennbildfilmen auf ein anderes Material (Aquarellpapier, Stoffe, etc) übertragen wird.

Es gibt dazu eine ganze Reihe ähnlicher Verfahren, die auf individuellen Arbeitsmethoden von Fotografen beruhen und einen breiten Kreativraum offenlassen. Grundsätzlich wird folgendermassen vorgegangen:

- Das Empfängermaterial wird mit Wasser durchtränkt und auf der Tischfläche glatt ausgelegt. Überschüssiges Wasser mit einer Gummirackel oder einem Schwamm entfernen.
- Der Film wird leicht überbelichtet. Die Entwicklung des Bildes wird wie üblich eingeleitet.
- Nach 10 bis längstens 30 Sekunden wird die Entwicklung durch Trennung des Positivpapiers vom Negativteil unterbrochen.

Dynamische Aufnahmen mit der Grossformatkamera setzen sorgfältige Vorbereitungen voraus: Möglichst alles muss exakt vorbereitet sein, bevor die Modelle in Szene gesetzt werden. Der Schärferaum muss vordefiniert und eingestellt sein, und der Bewegungsablauf muss mit Assistenten bestmöglichst vorgeprobt werden.
Foto: Gilles Larrain mit Sinar c2 4 x 5″ und 210 mm-Objektiv.

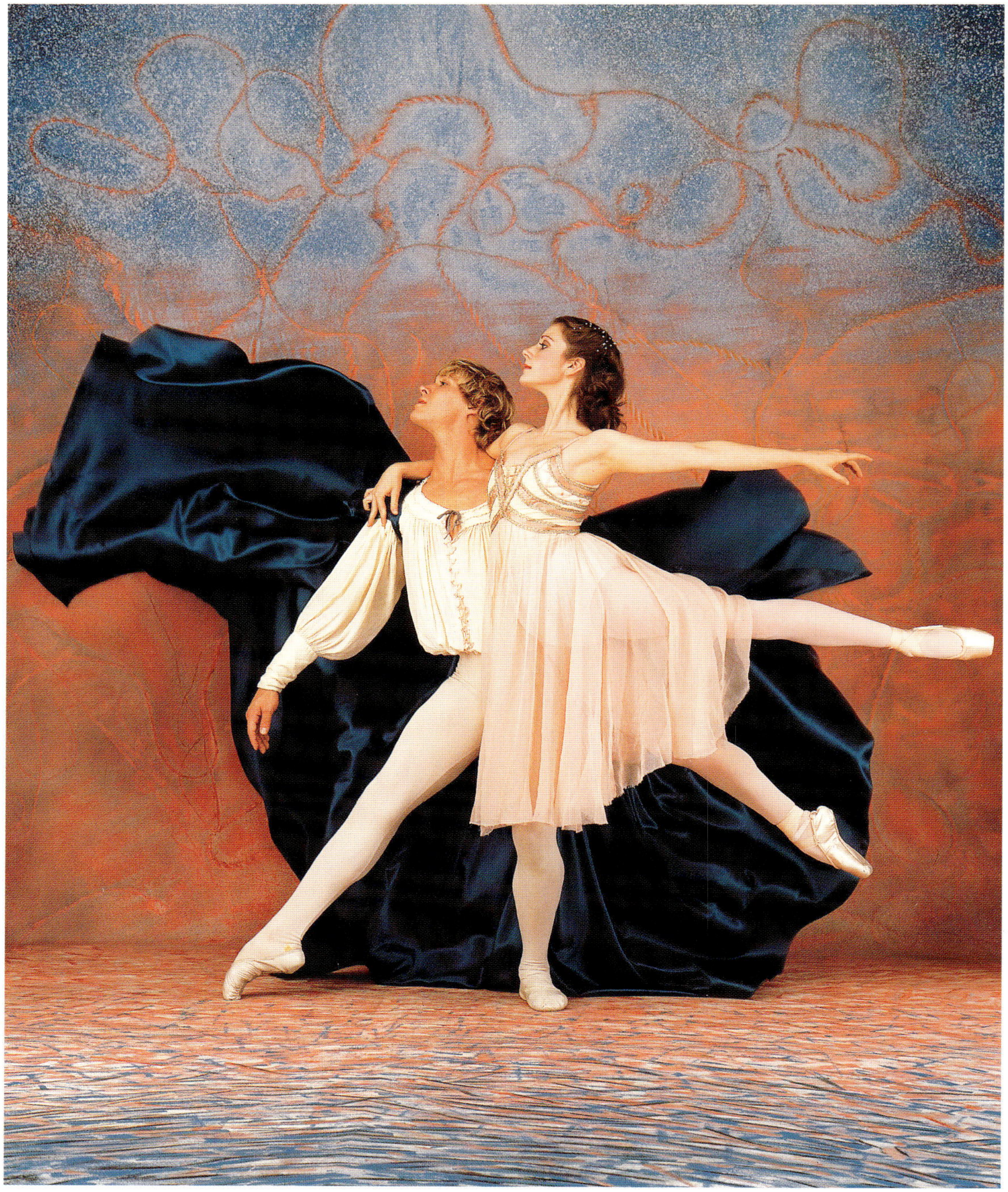

- Das Negativ wird sofort mit der Schichtseite nach unten auf das nasse Übertragungsmaterial gelegt und mit einer Gummiwalze oder einem weichen Lappen unter gleichmässigem Druck gut angerieben.
- Nach einer Wartezeit von ein bis zwei Minuten wird der Negativteil an einer Ecke angehoben und sorgfältig weggezogen. Danach wird das Übertragungsmaterial an einem staubfreien Ort getrocknet.

Das Ergebnis kann sowohl nass oder in trockenem Zustand mit verschiedensten Maltechniken beeinflusst werden, um ein eigenständiges Kunstwerk zu schaffen. Es gibt auch verwandte Techniken («Emulsion Lifting»), die darin bestehen, dass die Emulsion im Wasser völlig abgelöst und dann «schwimmend» auf eine neue Unterlage aufgebracht wird.

Dynamisches Grossformat

Der Umstand, dass das Einstellbild an einer Grossformatkamera nicht bis zum letzten Augenblick unmittelbar vor dem Auslösen sichtbar ist, lässt vermuten, dass die Grossformatkamera für die dynamische Peoplefotografie kaum in Frage käme. Bekannte Fotografen beweisen das Gegenteil: Entsprechende Vorbereitungen vorausgesetzt, kann sich der Fotograf besser auf das Ereignis und dessen Höhepunkt konzentrieren, als wenn er ständig das unter Umständen noch seitenverkehrte Sucherbild einer Mittelformatkamera betrachtet.

Gilles Larrain zum Beispiel, von dem die nebenstehende Aufnahme «Romeo und Julia» stammt, ist auf Ballettaufnahmen mit Grossformat spezialisiert. Dabei gibt er den Tänzern exakte Anweisungen, bei welchen Bodenmarkierungen welche Figuren durchzuführen sind. Bei den Vorarbeiten hat er seine Kamera auf diese Bodenmarkierungen scharf eingestellt. Mit einem Assistenten und Sofortbildmaterial wird das Ganze vorgängig so lange geprobt, bis die Bilder absolut einwandfrei sind. Bei der Aufnahme selbst befasst sich Gilles Larrain überhaupt nicht mehr mit der Kamera: Alles ist eingestellt, der Kassettenschieber ist gezogen und Gilles hat nur noch ein Ziel – exakt dann auszulösen, wenn die Bewegung ihren Höhepunkt erreicht hat.

Wird mit mehreren Personen gearbeitet, kann der Schärferaum auf der Bühne mit einem Fadengerüst abgesteckt und die Modelle angewiesen werden, sich ausschliesslich in diesem «Schärferaumquader» zu bewegen.

Etwas Übung vorausgesetzt, ist die entsprechend zusammengestellte Fachkamera eine geradezu ideale Schnellschusskamera, weil sich dank dem Automatikverschluss und der präzisen Belichtungsmessung in der Filmebene sehr viele unbekannte Faktoren in den Vorbereitungen zur Aufnahme ausschalten lassen *(siehe Grundlagenband 7.5).*

Die selektiven TTL-Belichtungsmess-Systeme eignen sich nicht nur zur Belichtungsmessung, sondern ebenso zur Bestimmung des Kontrastumfangs durch Mehrpunktmessungen in der Filmebene *(siehe Grundlagenband Kapitel 5).* Ist ein hoher Dauerlichtanteil vorhanden oder fotografiert man gänzlich bei vorhandenem Licht, so empfiehlt es sich, einen bestimmten Helligkeitswert im Motivraum als Referenzwert zu speichern, um Lichtschwankungen unmittelbar vor der Aufnahme mit einer einzigen Messung feststellen zu können (Einpunktmessung).

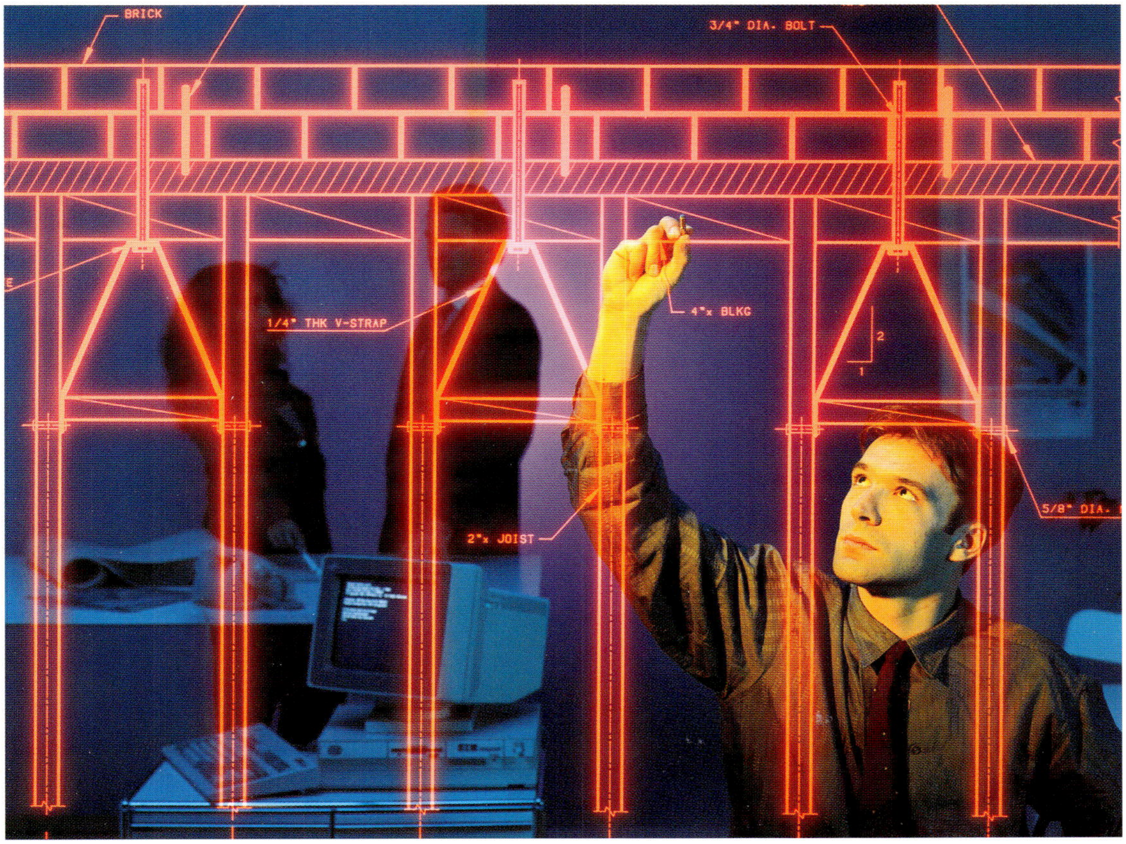

In einer Mehrfachbelichtung hat Marco Paoluzzo mit seiner Sinar 13 x 18 cm den Beruf eines Ingenieurs in perfekter Weise dokumentiert. Solche Aufnahmen verlangen für jede Teilbelichtung eine exakt nachgeführte Skizze auf der Einstellscheibe. Je grösser das Format, desto genauer stimmen die Details.

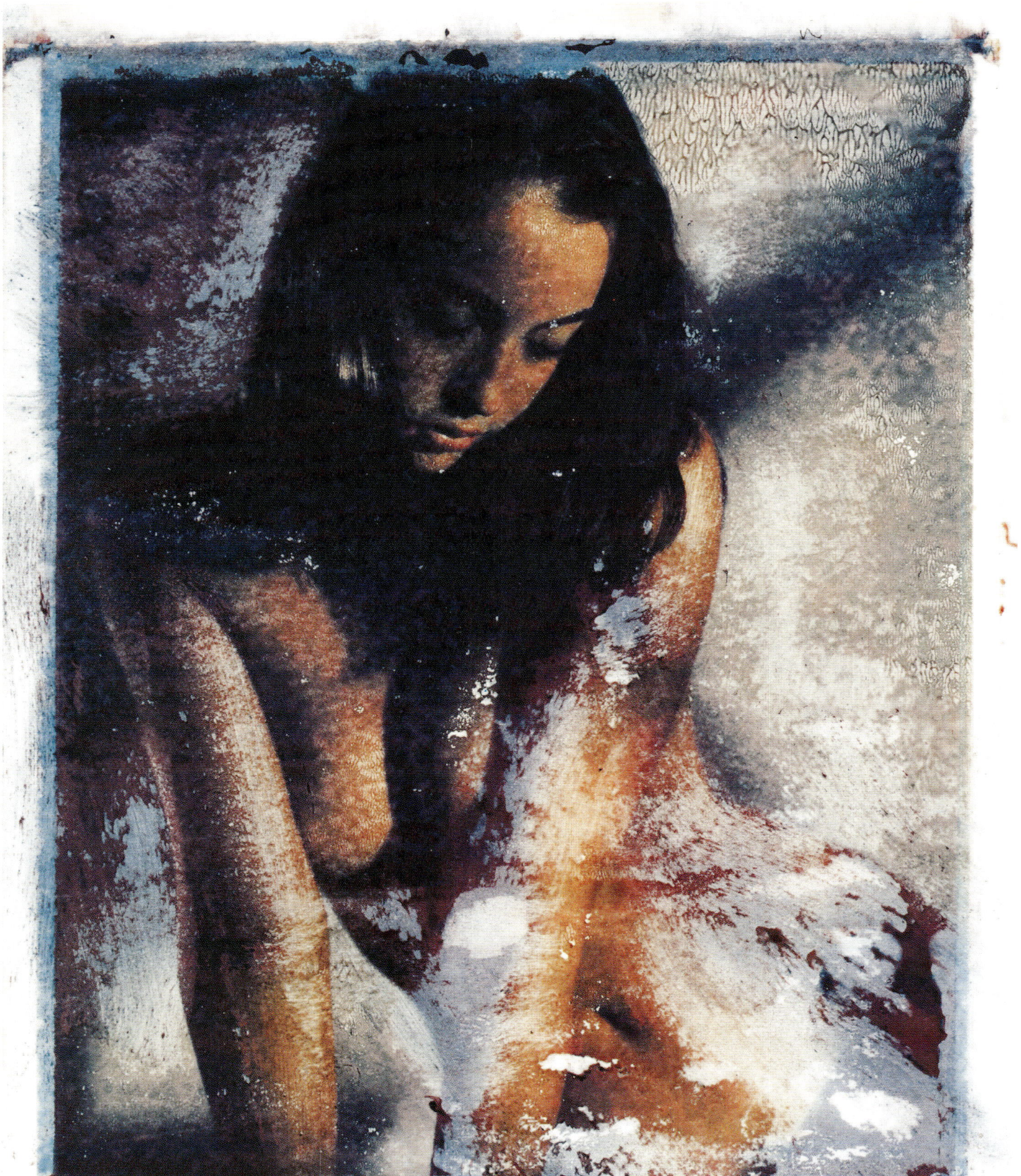

Von der Idee zum Bild

Das breite Spektrum der Peoplefotografie – vom einfachen Passbild bis zur akribisch inszenierten Gruppenaufnahme – bietet dem Fotografen, wie kaum ein anderes Gebiet, einen kaum abgrenzbaren Kreativraum. Das Faszinierende daran ist die Zusammenarbeit mit Menschen, die nicht bloss «Motiv» sind, sondern mit vollem Engagement ihr Bestes geben, um die Idee des Fotografen zu verwirklichen. Sie sind am Gelingen einer Aufnahme mindestens ebenso beteiligt wie der Fotograf – das vergessen wir Fotografen oft.

Idee und Realisierung

Grundsätzlich lässt sich die Peoplefotografie in zwei Sparten trennen:

- Freie Aufnahmen, bei denen der Fotograf seinen Ideen freien Lauf lassen und die Bilder (Zustimmung des Modells vorausgesetzt) beliebig verwenden kann.

- Auftragsfotografie, bei der eine klare Vorstellung jener Person vorliegt, die die Aufnahmen hinterher für einen bestimmten Zweck verwendet. Bei Werbeproduktionen liegt meistens sogar ein sehr exaktes Layout der Agentur vor.

Nicht nur in der Auftragsfotografie sollte ein klares Konzept vorliegen, sondern ebenso für freie Arbeiten. Der Fotograf sollte sich mindestens gedanklich, besser noch schriftlich, vorstellen, was er mit dem Modell fotografieren und wie er die einzelnen Aufnahmen realisieren will. Die Modellgagen und auch die Zeit des Fotografen sind zu kostbar, als dass man sich aus Ideenlosigkeit Totzeiten und «Blackouts» leisten könnte. Und dazu kommt es schneller, als man meint. Ideal ist es, wenn man mit einem Assistenten, einem Stylisten oder anderen Hilfskräften zusammenarbeitet, die einem nicht nur bei der Einhaltung des Fahrplans, sondern auch bei der Requisitenbeschaffung und zahlreichen kleinen Handreichungen behilflich sind.

Dennis Savini befasst sich als Werbefotograf in seiner Freizeit intensiv mit Verfremdungstechniken. Das Pola-Transfer-Verfahren ist besonders spannend, weil sich der Bildeffekt nur vorausahnen lässt. Die Aufnahme entstand mit einer Sinar p2 8 x 10″ und einem 480 mm-Objektiv.

Bei jeder Aufnahme gilt es, vorgängig folgende Punkte abzuklären:

- Was soll das Bild aussagen? Steht eine zentrale Aussage im Vordergrund? Wird für ein bestimmtes Produkt geworben? Wie soll die Person dargestellt werden? Worauf muss besonders geachtet werden? Welches sind «Schönheitsfehler» (jedes Modell hat welche!), die auf dem Bild nicht sichtbar sein dürfen?

- Realisiere ich die Aufnahme im Studio oder im Freien? Welcher Hintergrund und welche Requisiten sind erforderlich? Wie lange ist deren Beschaffungszeit? Arbeite ich mit einer realistischen Szenerie, mit Hintergrundprojektion oder wird die Szenerie nachträglich im elektronischen Bildcomposing hinzugefügt?

- Welcher Studioaufwand (Beleuchtung, Aufhellung etc.) ist erforderlich? Reicht mein Studio aus, oder muss die Aufnahme in ein Mietstudio verlegt werden?

- Welche Requisiten sind für die Aufnahmen zu beschaffen? Wer organisiert diese, und wo?

- Welche Ausrüstung benötige ich? Welche Objektive? Wieviele Filme und vorgeladene Kassetten? Arbeite ich ausschliesslich mit Grossformat oder werde ich gewisse Szenen mit Kleinbild oder Mittelformat parallel aufnehmen? Benötige ich Sofortbildmaterial und zu welchem Zweck?

- Sind die Rechte mit dem Modell, mit der Agentur, mit dem Auftraggeber geklärt? Ist das Honorar (für Modell und Fotograf) festgelegt? Ist der Modellvertrag beidseitig unterzeichnet?

Motivbereiche und ihre fotografischen Besonderheiten

Es gibt eine uferlose Fülle von Möglichkeiten, Menschen zu fotografieren. Einige klassische Themen sollen nachfolgend mit ihren fotografischen Besonderheiten kurz beschrieben werden, mit dem Ziel, dem Fotografen weitere Anregungen zu vermitteln und grobe Fehler zu vermeiden.

Porträts

Porträts sollen das Wesen und Aussehen eines Menschen zum Ausdruck bringen. Hauptproblem dabei ist, dass sich die meisten Menschen vor der Kamera gehemmt und verkrampft zeigen, weil sie befürchten, im Bild schlecht zu wirken. Kamera- und Studiotechnik soll so diskret als möglich gehalten werden; sie beeindruckt das Modell nicht, sondern verunsichert es oft noch zusätzlich. Eine angenehme Atmosphäre im Studio, aber auch die zwischenmenschliche Beziehung zum Fotografen während der Aufnahmesitzung sind wichtige Voraussetzungen für gelöste und natürliche Aufnahmen. Mit einer relativ langen Brennweite (siehe Objektive) soll der Fotograf eine gewisse Distanz zum Modell wahren, abgesehen davon, dass eine zu kurze Brennweite zu Verzerrungen führt. Nach erfolgter Scharfeinstellung konzentriert sich der Fotograf nur noch auf den Gesichtsausdruck des Modells, um im besten Augenblick auszulösen. In der Regel wird bei Porträts ein eher weiches Allgemeinlicht (ein grossflächiges, diffuses Hauptlicht, indirekte Schattenaufhellung) mit gewissen Akzentlichtern (Frisur, Hintergrund) benutzt. Bei Porträts im Freien müssen die Schlagschatten mit einer weissen oder metallischen Fläche aufgehellt werden. Das Modell sollte nicht direkt in Richtung der Sonne blicken, weil es sonst blinzelt oder die Augen zukneift.

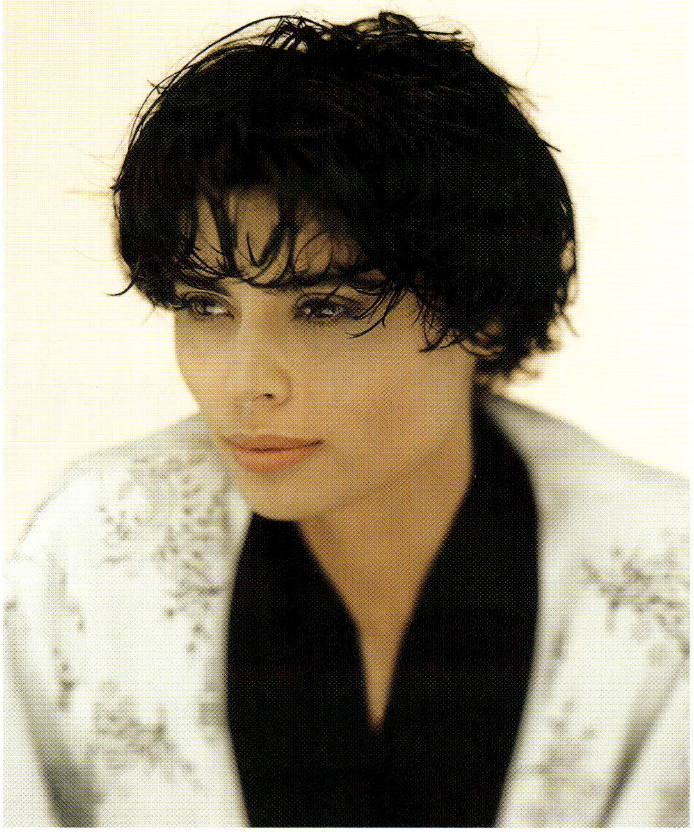

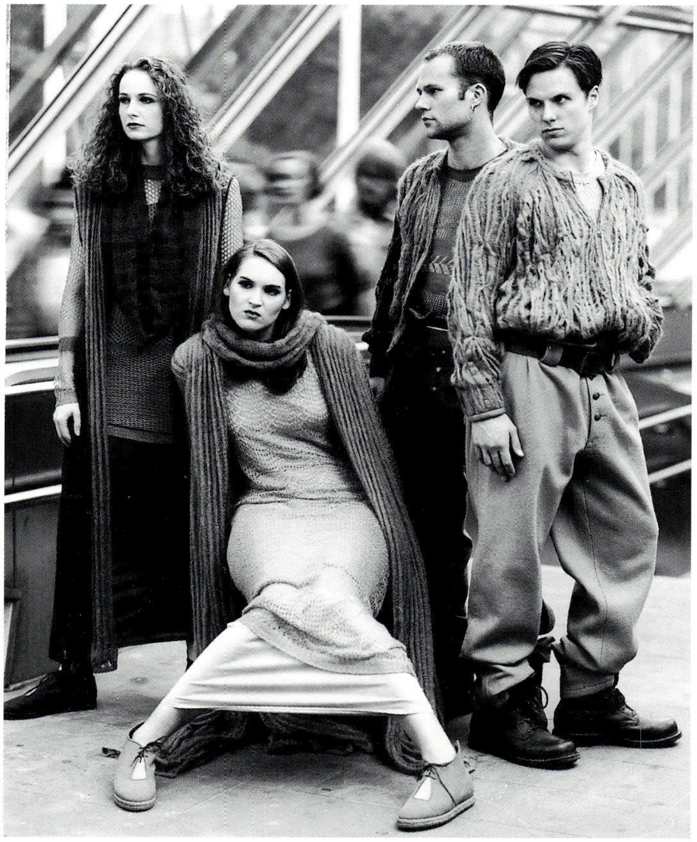

Oben: Selektive Schärfe, hier gekonnt angewandt, ist einer von vielen Vorzügen der Grossformatfotografie. Roland Schmid fotografierte dieses Porträt mit einer Sinar p 8 x 10″ auf Polaroid-Material.

Links: In der Modefotografie werden die Szenen so gestellt, dass die Kleider bestmöglich zum Ausdruck kommen. Jörg Dieckmann belichtete diese Aufnahme mit einer Sinar p2 und einem 210-mm-Objektiv auf Polaroid Negativfilm Typ 55.

Gruppenbilder

Gruppenbilder stellen an den Fotografen sehr hohe Anforderungen. Die klassische Personengruppe muss vom Fotografen so arrangiert werden, dass die grösseren Personen hinten und die kleineren eher vorne stehen und dass keine Personen verdeckt sind. Deshalb sollte der Fotograf unmittelbar vor dem Auslösen nochmals, möglichst aus Objektivnähe, die gesamte Gruppe mit einem Blick überprüfen. In der Regel schauen alle Personen in die Kamera. Der ideale Standort des Fotografen ist leicht erhöht. Gruppen sollten möglichst mit passenden Requisiten (z.B. Blasmusik mit Instrumenten) fotografiert werden. Langweilige Reihenaufnahmen sollten wenn irgend möglich vermieden werden. Das szenische Gruppenbild von Leuten bei einer Beschäftigung oder in lockerer Stimmung gibt interessantere Bilder und stellt einen aktuellen Trend dar. Auch dazu

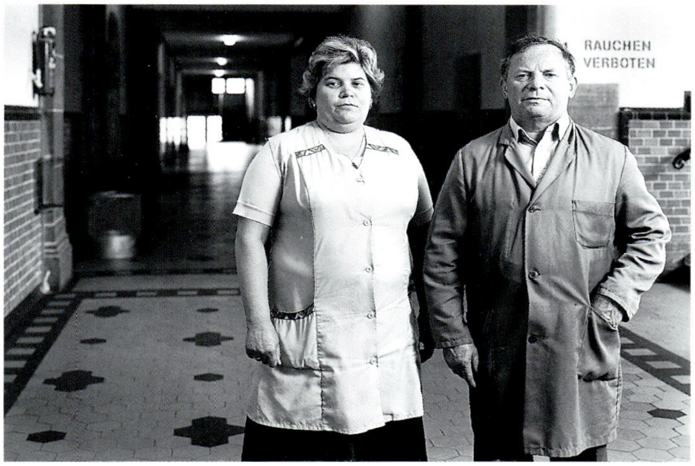

Formatbedachte Fotografen setzen die Fachkamera auch für reportageähnliche Aufnahmen ein. Alexander Beck benutzte für dieses Bild eine Sinar Norma mit 150-mm-Objektiv.

ist ein erheblicher Aufwand erforderlich, um peinliche Regiefehler zu vermeiden, und gerade in diesem Trend der szenischen Gruppenfotografie werden Grossformatkameras immer häufiger eingesetzt.

Paaraufnahmen

Paaraufnahmen lassen dem Fotografen mehr kreative Möglichkeiten als grössere Gruppen. Die häufigsten Paaraufnahmen finden während Hochzeiten und damit in einem feierlichen Rahmen in einer schmucken Umgebung statt. Der Fotograf hat während dem Hochzeitstag die vielfältigsten Gelegenheiten, das Brautpaar zu fotografieren. Es können verschiedene Tätigkeiten für die Aufnahmen arrangiert werden (z.B. Anschneiden einer Torte etc.). Zwar werden Hochzeitsserien meistens nur mit Kleinbild- oder Mittelformatkameras reportagemässig fotografiert, doch fällt das mit einer handlichen und leichten Sinar f fotografierte Gruppen- oder Paarbild im Grossformat durch eine wesentlich bessere Bildqualität auf. Der Aufwand lohnt sich auch da, die Grossformatkamera mitzunehmen. Paaraufnahmen, die im Studio arrangiert sind, wirken meistens gestellt und deshalb langweiliger als Aussenaufnahmen.

Werbe- und Modeaufnahmen

Werbe- und Modeaufnahmen werden in der Regel in Zusammenarbeit mit einem Designer, einer Werbeagentur oder mit dem Kunden vor Ort realisiert. In den seltensten Fällen ist der Fotograf in der glücklichen Lage, seiner Kreativität freien Lauf zu lassen. In der Regel sind Werbe- und Modeaufnahmen mit hohen Kosten verbunden, so dass als «Erfolgsgarantie» für den Auftraggeber nur Topmodelle und ausgewiesene Fotografen in Frage kommen. Je nach Art des Bild wird entschieden, ob die Aufnahmen im Freien oder im Studio durchgeführt werden. Durch die vielfältigen Möglichkeiten der elektronischen Bildbearbeitung stellen Modellaufnahmen sehr oft nur ein Zwischenprodukt dar, das danach elektronisch in den gewünschten Hintergrund gesetzt und optimiert wird. Für den Fotografen bleibt diese Sparte vor allem finanziell interessant und bietet leider immer weniger kreative Möglichkeiten.

Redaktionelle Fotografie

Redaktionelle Fotografie im Auftrag grosser Illustrierter (Elle, Vogue etc.) werden mit akribischen Vorbereitungen und einem absolut professionellen Mitarbeiterstab durchgeführt. Höchste Qualität ist angesagt, und in den meisten

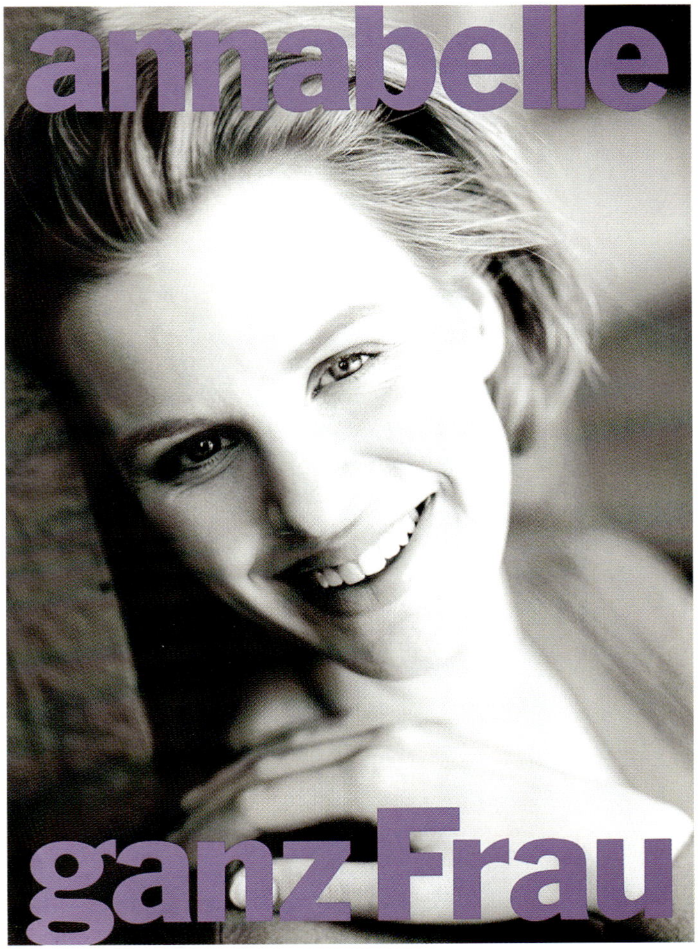

In der redaktionellen Fotografie, für Titelseiten und Aufmacherbilder, wird beste Bildqualität verlangt. Auch hier ist der Einsatz der selektiven Schärfe mit Grossformatkamera ein effektvoller Pluspunkt. Peter Hebeisen benutzte eine Sinar Norma mit 210-mm-Objektiv.

Der Japaner Yukio Shumizu gehört zu den Spezialisten, die selbst die bewegten Szenen der Bühnenfotografie mit der Grossformatkamera aufnehmen. Der Schwierigkeit, mit vorhandenem Licht arbeiten zu müssen, wird oft durch das Nachstellen gewisser Szenen und dem Beleuchten mit einer Studioblitzanlage ausgewichen. Um die Scharfeinstellung besser zu bewältigen, kann die Szene voreingestellt und auf dem Boden angezeichnet werden (siehe auch Bild auf Seite 24).

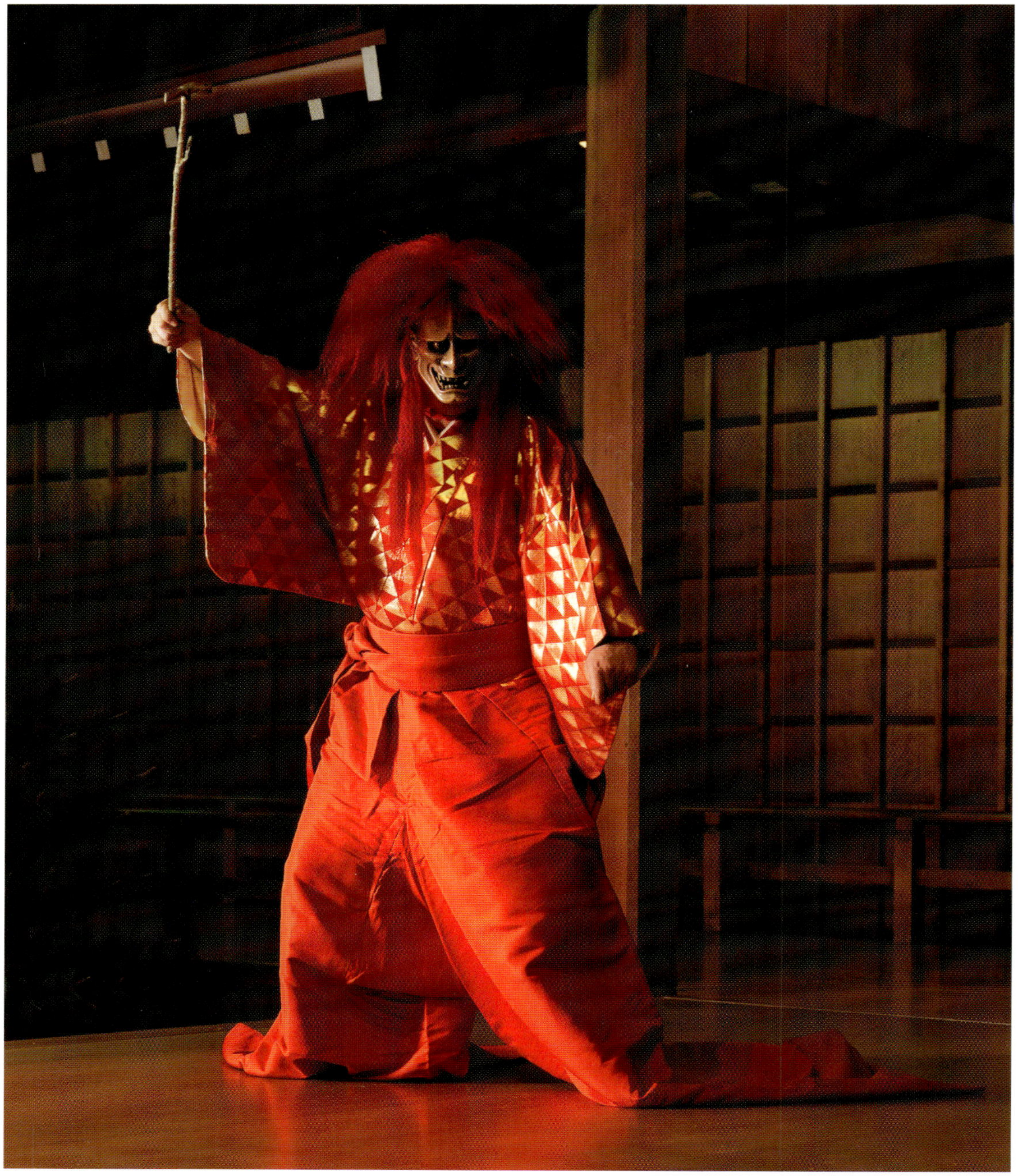

Fällen werden solche Produktionen für ein Titelbild oder für eine absolut treffende Illustration zu einem wichtigen Artikel mit Grossformat realisiert. Dabei ist die Themenvielfalt ebenso breit wie das redaktionelle Spektrum der Zeitschrift.

Ballett- und Theaterfotografie

Ballett- und Theaterfotografie scheint in erster Linie Domäne der Kleinbild- und Mittelformatkamera zu sein. Nur wenige Spezialisten, die vom entsprechenden Veranstalter dazu den Auftrag erhalten, stellen die gewünschten Szenen nach, um davon Bilder in einer deutlich besseren Qualität mit der Grossformatkamera aufzunehmen. Das stellt an die Künstler, aber auch an den Fotografen höchste Anforderungen. In der Regel müssen die Aufnahmen bei vorhandenem Licht mit hochempfindlichem Filmmaterial erfolgen – nicht nur, weil die Ausleuchtung einer solchen Szene mit einem ausserordentlichen Aufwand verbunden wäre, sondern auch, weil das «Bühnenlicht» den Aufnahmen echte Theateratmosphäre vermittelt. Ähnliches gilt auch für Zirkusaufnahmen, wo für die Programmheftgestaltung oft ein sehr grosser Aufnahmeaufwand betrieben wird.

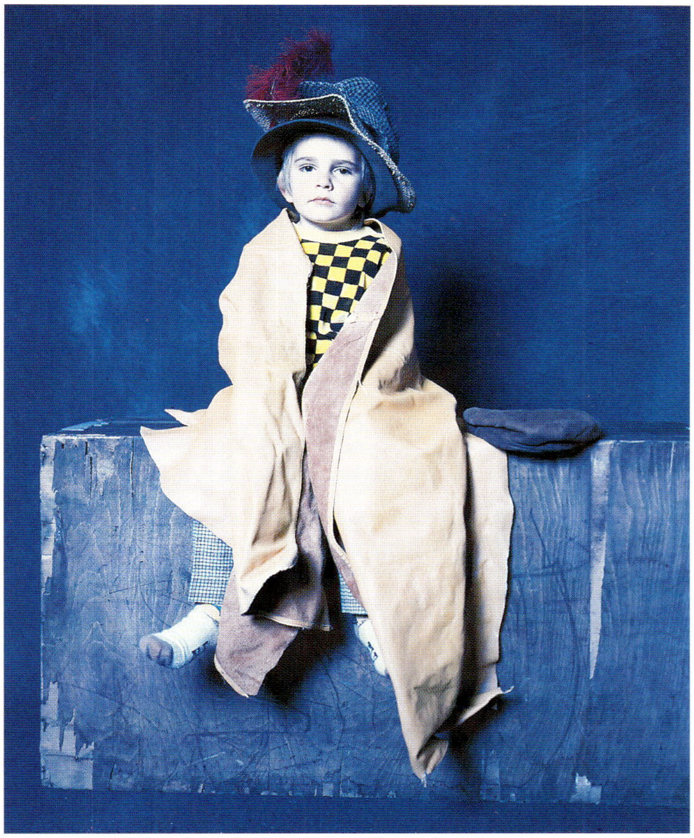

Oben: Olaf Hirschberg hat mit seiner Sinar f eine faszinierende Reportage über Kinder in Russland fotografiert. Dieses Bild zeigt den fünfjährigen Denis aus Tscheljabinsk.

Rechts: Ein Aktdetail von Richard Avedon. Ein makelloses Modell, perfekt in Szene gesetzt und mit einer Sinar p2 im Format 13 x 18 cm aufgenommen. Copyright Pirelli.

Kinder

Kinder sind sehr dankbare Motive, weil sie sich wesentlich gelöster und natürlicher vor der Kamera geben als Erwachsene. Sie sind die geborenen Schauspieler, und wenn sich der Fotograf im Umgang mit Kindern gut versteht und ihnen noch ein paar faszinierende Spielsachen zuhalten kann, so sind die Aufnahmen für den Fotografen mehr Spass als Arbeit. Die grösste Schwierigkeit besteht wohl darin, dass Kinder auch ein grosses technisches Interesse haben und vor den Aufnahmen zunächst das Fotostudio erforschen und die beeindruckende Kamera (mindestens gedanklich) «auseinandernehmen» wollen. Wichtig bei Kinderaufnahmen ist ein möglichst tiefer Kamerastandort, was mit einem Säulenstativ und der eventuell hängend montierten Kamera sehr einfach lösbar ist. Manchmal ist es ein Vorteil, wenn die Eltern der Kinder anwesend sind, um den Kindern die notwendigen Anweisungen zu erteilen.

Aktaufnahmen

Aktaufnahmen sollen die Schönheiten des menschlichen Körpers im Spiel von Form, Licht und Schatten zeigen. Da sie in der Regel nicht als Auftrag, sondern aus den Ideen des Fotografen entstehen, kann er seiner Kreativität dabei freien Lauf lassen – vorausgesetzt, das Modell spielt mit. Die Suche nach (geeigneten) Aktmodellen gestaltet sich in der Regel schwierig. Das Modell muss, neben einer idealen Figur, eine ungehemmte und natürliche Einstellung zu seinem Körper, zum Fotografen und zur Aufnahmeumgebung mitbringen. Die Aktfotografie stellt an den Fotografen höchste Anforderungen, weil die nackte Darstellung des Menschen eine Gratwanderung zwischen Kitsch, Kunst und Pornografie ist. Zudem muss der Fotograf nicht nur sein technisches Handwerk verstehen, sondern er muss auch ein Virtuose der Lichtgestaltung sein – davon lebt das Aktbild. Weiter muss er es verstehen, eventuelle Unschönheiten des Modells durch entsprechende Posen und Licht-/Schattenwirkungen zu unterdrücken. Sehr oft werden auch Hilfsmittel (wie Weichzeichner und Filter) oder passende (!) Requisiten eingesetzt, um eine allzu realistische Bildwirkung zu vermeiden. Aktaufnahmen dürfen mystisch und erotisch wirken, doch ist die Gefahr gross, dass sie ins Anstössige und Pornografische ausarten.

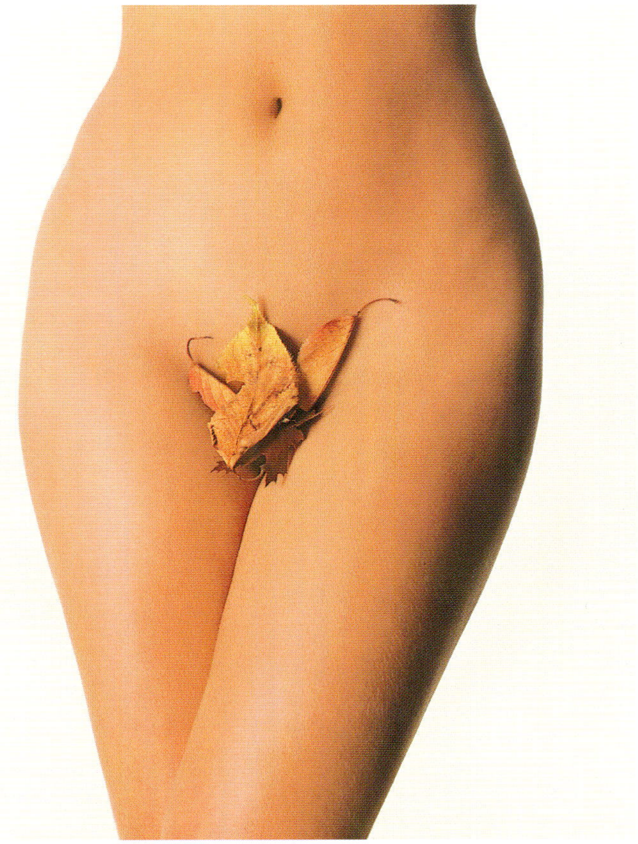

Standort und Perspektive

längere Brennweite bei fixem Format; oder kleineres Format bei fixer Brennweite → kleinerer Bildwinkel, kleinerer Objektausschnitt, →

Fixes Format 4 × 5″, variable Brennweite	90 mm	180 mm	240 mm	460 mm
Fixes Format 8 × 10″, variable Brennweite	180 mm	360 mm	480 mm	1000 mm

Verlängerung des Aufnahmeabstandes ↓ flachere Perspektive, grösserer Objektausschnitt ↓

1 m

2 m

4 m

8 m

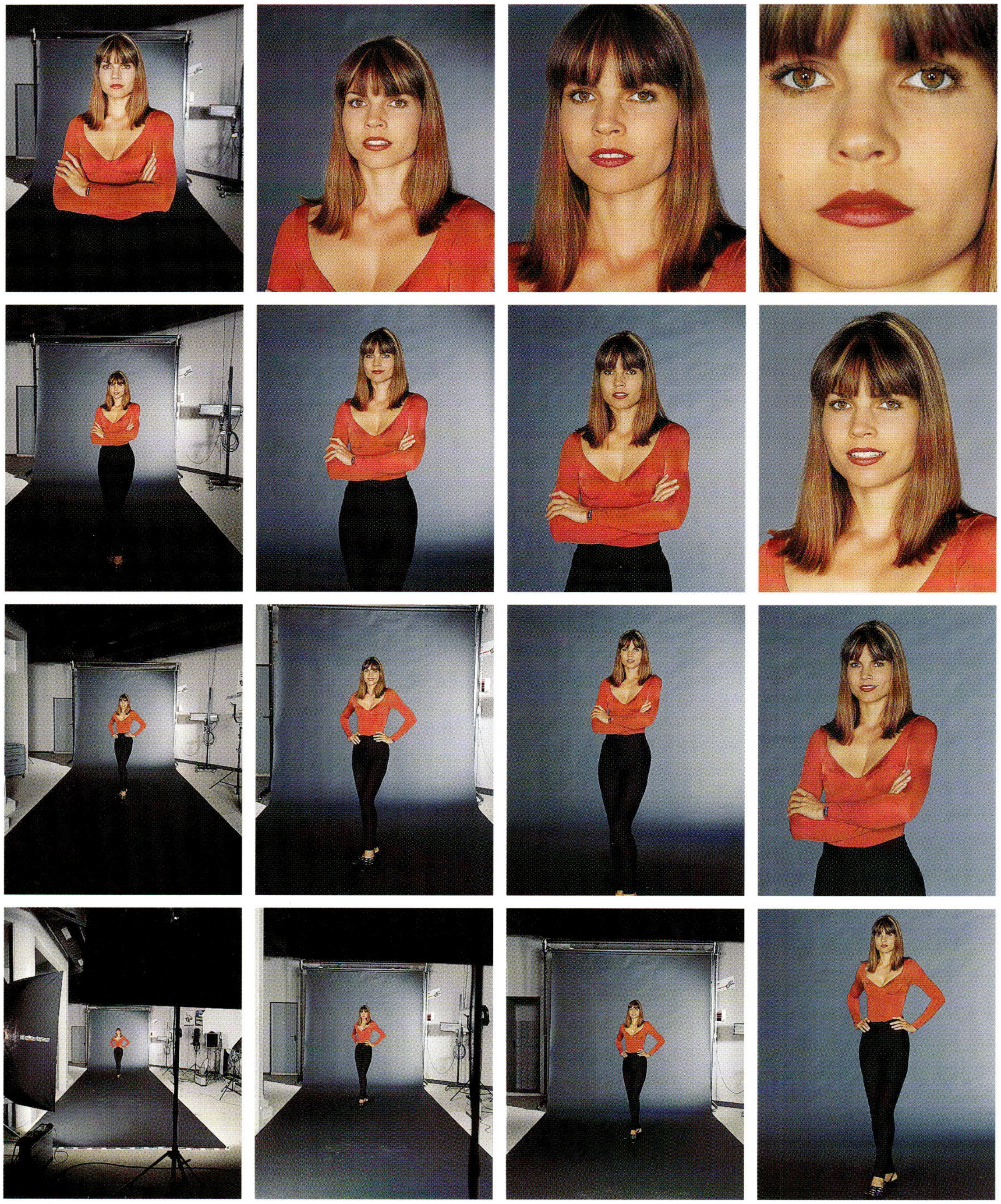

Die möglichen Aufnahmebereiche der Peoplefotografie sind damit noch bei weitem nicht vollzählig beschrieben. Überall, wo Menschen sind, gibt es Gelegenheiten für Peopleaufnahmen, und gerade der kreative Grossformatfotograf stösst dabei immer wieder auf neue Einfälle, um Bilder zu machen, die sich von Allzuoft-Gesehenem wohltuend abheben.

Standort und Perspektive

Man könnte vermuten, Standort und Perspektive wären bei Peopleaufnahmen weniger wichtig als bei Sach- oder Architekturaufnahmen. Weit gefehlt. Bei einem einfachen Porträt bewirken schon ein paar Zentimeter Höhenverstellung einen ganz anderen Ausdruck der Person. Von oben aufgenommen wirkt eine Person klein und gedrungen, während sie von unten fotografiert dem Bildbetrachter gross und majestätisch erscheint. Diese Bildwirkung gilt nicht nur für die Höhe unseres Kamerastandortes. Auch der Aufnahmeabstand und die verwendete Brennweite spielen bei Porträtaufnahmen eine zentrale Rolle: Je weiter wir davon entfernt sind (und mit längerer Brennweite arbeiten), desto flacher wirkt das Gesicht. Sind wir zu nahe, so herrscht eine perspektivische Übertreibung vor, die uns auffällt, weil die Nase zu gross wirkt. Die Standortwahl, die Objektivbrennweite und das verwendete Format stehen in einem direkten Zusammenhang *(siehe Grundlagenband 3.1)*, der aus nebenstehenden Bildbeispielen hervorgeht.

Die Kameraverstellungen

Die verstellbare Fachkamera weist gegenüber der starren Kamera den grossen Vorteil auf, dass die beiden Standarten je um die Horizontal- und die Vertikalachse geschwenkt und je in der Höhe und seitlich verschoben werden können *(siehe Grundlagenband Kapitel 4)*. Dadurch kann die Perspektive beeinflusst und die Schärfeebene beliebig in den Motivraum gelegt werden.

Standort und Perspektive. Die Perspektive ist nicht von der Objektivbrennweite abhängig, sondern ausschliesslich vom Standort. Die Wahl der Brennweite verändert lediglich den möglichen Bildwinkel. Wie sich Entfernung, Brennweitenwahl und Perspektive bei einer Personenaufnahme auswirken, zeigt nebenstehende Bildtafel, die Roland Schmid mit einer Sinar f2 fotografiert hat.

Auch wenn diese Verstelltechnik zunächst vor allem in der Sachfotografie Vorteile aufzuweisen scheint, bietet sie gerade dem kreativen Peoplefotografen neue Möglichkeiten, um andersartige Bilder zu gestalten als mit der starren Kamera. Allerdings ist es Bedingung, dass man sich mit diesen Verstellmöglichkeiten intensiv befasst, um ihre Wirkungsweise im Bild voll zu verstehen, und dass man sie möglichst häufig anwendet – auch wenn sie anscheinend bei einer ersten Überlegung wenig zu bringen scheinen. Die Bilder beweisen jedoch in den meisten Fällen das Gegenteil. Sie unterscheiden sich deutlich von denjenigen, die mit einer starren Kamera gemacht wurden. Der Fotograf, der die Arbeitsweise mit der verstellbaren Grossformatkamera beherrscht, hat damit einige wesentliche Möglichkeiten, einen eigenen Stil in der Peoplefotografie zu finden. Die Bildbeispiele auf Seite 34 und die beiden Praxisbeispiele auf den Seiten 38/39 verdeutlichen, welch starken Einfluss die Kameraverstellungen auf ein einfaches Porträt oder eine Gruppenaufnahme haben können.

Die Kameraverstellungen um die horizontale und die vertikale Schwenkachse können, je nach gewünschter Lage der Schärfeebene, beliebig kombiniert werden *(siehe Grundlagenband 4.4.8 und Praxisbeispiel 9)*. Diese Technik

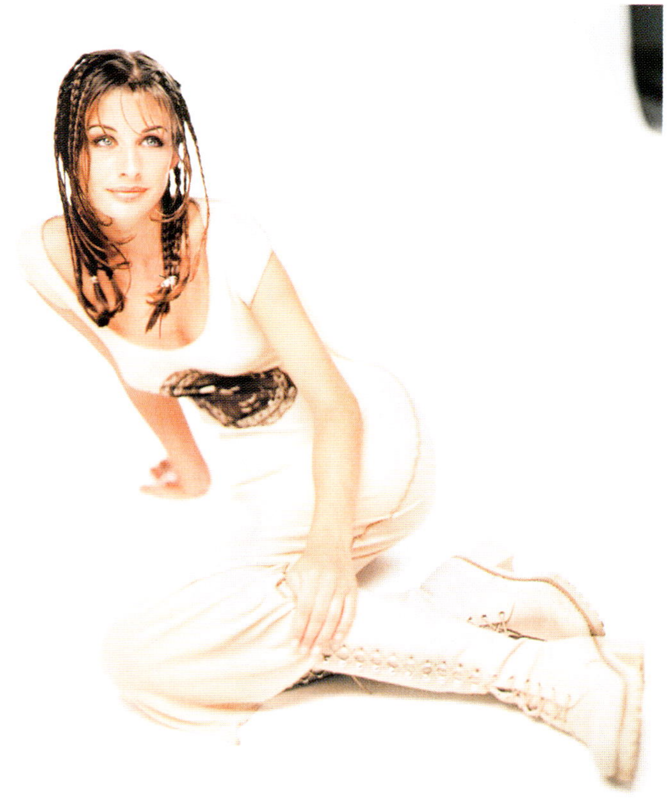

Eine kurze Brennweite ermöglicht einen nahen Standort und führt zu einer starken Perspektive. Dieses Bild fotografierte Roland Schmid mit einer Sinar f2 im Format 8 x 10″ mit einem Objektiv von 180 mm Brennweite.

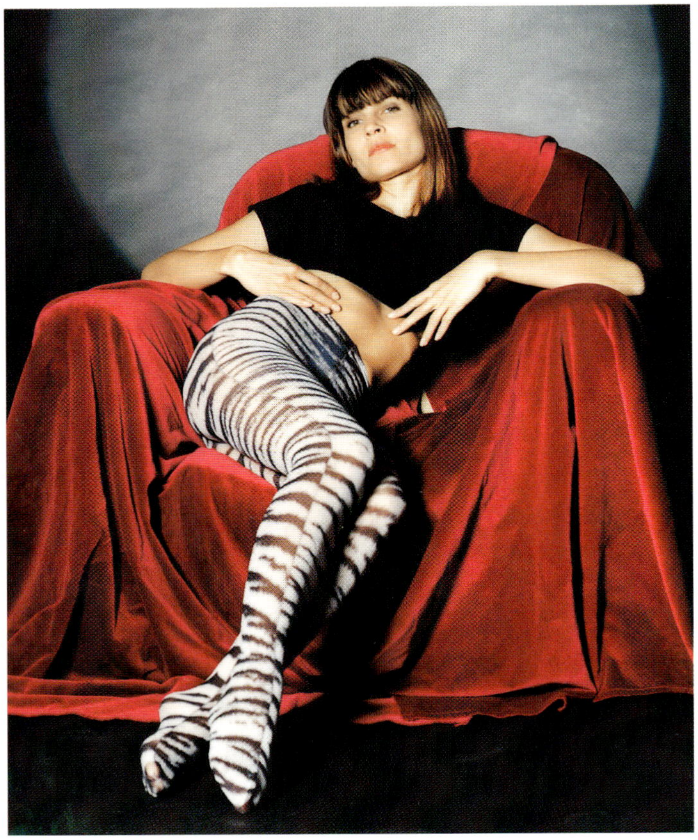

Objektive

Bei Personenaufnahmen ist in der Regel die Verwendung einer längeren Brennweite empfehlenswert. Zu kurze Brennweiten führen zu einer verzerrenden Bildwirkung (überlange Nase, kugelähnliche Darstellung der Kopfform), während eine zu lange Brennweite die Perspektive verflacht (zu kurze Nase, flache Gesichtsform). Die ideale Brennweite für Porträts ist abhängig vom Bildformat und aus nachfolgender Tabelle ersichtlich.

	Ideale Brennweite:		
Format:	**mindestens**	**normal**	**höchstens**
24 × 36 mm	50 mm	70 mm	100 mm
4 × 5″	150 mm	240 mm	360 mm
13 × 18 cm	210 mm	360 mm	540 mm
8 × 10″	300 mm	480 mm	720 mm

Abgesehen von diesen Brennweitenempfehlungen gibt es keine «Spezialobjektive» für Peopleaufnahmen – bis auf das legendäre «Imagon» von Rodenstock, das eine beliebig dosierbare Weichzeichnung ermöglicht. Es ist zur Sinar in den Brennweiten 200, 250 und 300 mm erhältlich und vermittelt – gekonnt eingesetzt – einen Bildeffekt, der sich

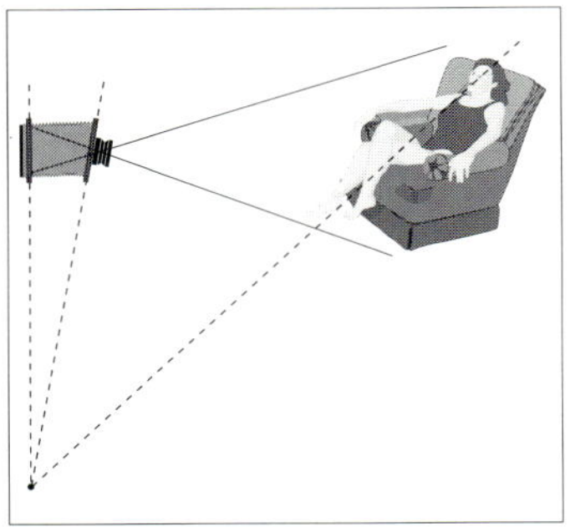

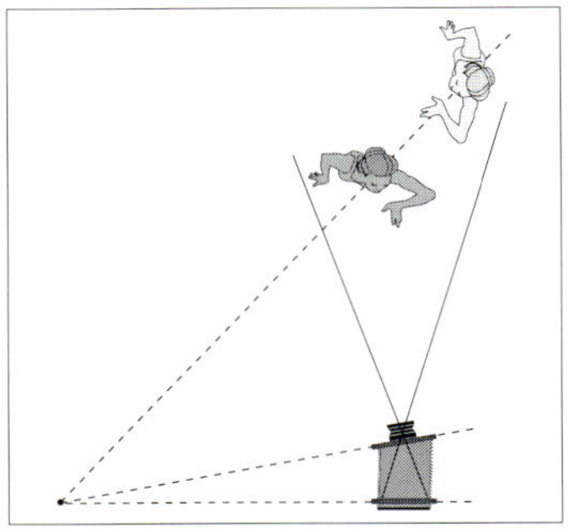

Die Lage der Schärfenebene lässt sich mit einer verstellbaren Grossformatkamera beeinflussen. Beim oberen Bildbeispiel wurde die vordere Standarte um die horizontale Achse geschwenkt, während beim Bildbeispiel rechts ein Schärfeausgleich um die vertikale Achse erfolgte. Fotos: Roland Schmid mit Sinar f2.

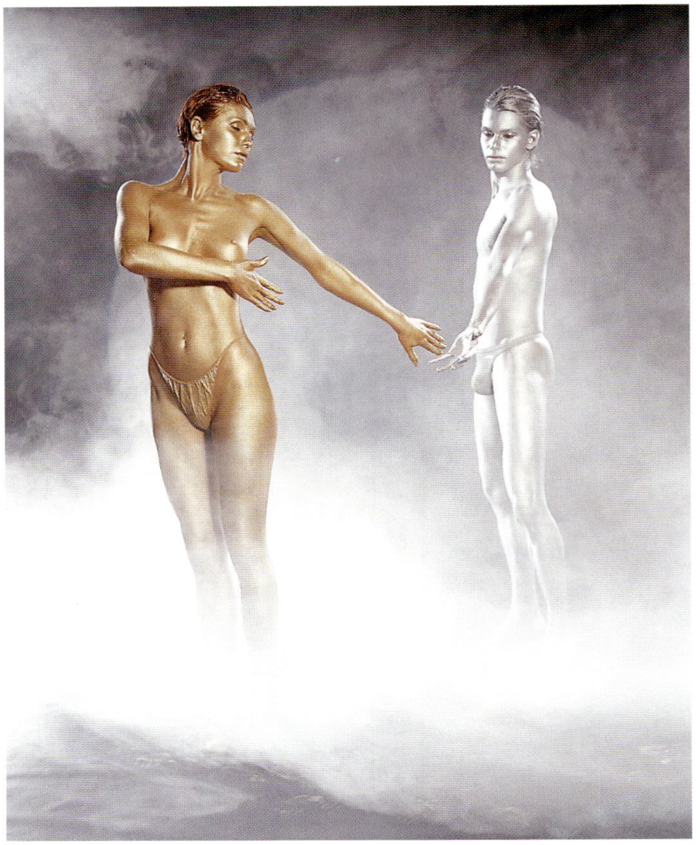

lässt sich nicht nur dazu anwenden, die Schärfeebene so in den Motivraum zu legen, dass sämtliche Motivteile scharf abgebildet werden. Unter Umständen kann es erwünscht sein, durch eine entsprechende Kameraverstellung gewisse Motivpartien unscharf darstellen zu können *(siehe Grundlagenband Praxisbeispiel 11).* Diese Technik des «Anti-Scheimpflug» ist ausschliesslich mit einer verstellbaren Fachkamera möglich und verlangt vom Fotografen ein absolutes Beherrschen der Einstelltechnik. Die Bildwirkungen der Kameraverstellungen gehen aus den Bildbeispielen auf den Seiten 38 und 39 hervor.

kaum mit anderen Hilfsmitteln erzielen lässt. Der Grund liegt in der Optik, die durch einen speziellen Überstrahlungseffekt eine unscharfe Überlagerung einer kontrastreichen, mehr oder weniger scharfen Kontur bewirkt. Behelfsmässig kann ein ähnlicher Weichzeichnereffekt auch erreicht werden, indem eine Glasscheibe vor dem Objektiv angehaucht (nur bei tiefen Aussentemperaturen möglich), mit Vaseline (auch partiell) bestrichen oder mit einer feinen Gaze überzogen wird. Die Glasscheibe kann leicht im Kompendiumhalter oder in der Formatmaske 2 (siehe Grundlagenband) der Sinar befestigt werden. Zudem gibt es verschiedene Trick- und Effektfilter (siehe Grundlagenband 6.1.6), die einen solchen Überstrahlungseffekt ergeben.

Licht und Beleuchtung

Der hohe Kontrast des Sonnenlichtes oder einer einzelnen künstlichen Lichtquelle ist in der Regel nicht für Peopleaufnahmen brauchbar. Es entstehen zu starke Schlagschatten – oder anders ausgedrückt: der Kontrastumfang ist zu hoch, und das resultierende Bild wird durch fehlende Detailzeichnung in Lichterpartien und/oder Schatten unschön. Der geübte Peoplefotograf wird eine weichere Lichtführung anstreben und entweder die Schattenpartien mit einer weissen Fläche oder einem Blitz aufhellen oder im Studio durch eine indirekte Raumbeleuchtung zum gewünschten niedrigeren Kontrastumfang gelangen.

Besonders im Studio hat der Fotograf alle Möglichkeiten, mit Dauer- oder Blitzlicht und verschiedenen Lichtwandlern das Licht so zu gestalten, wie er es für seine Aufnahme benötigt. Dabei kann der Kontrastumfang mit entsprechenden Messgeräten exakt bestimmt werden. Der Fotograf weiss dadurch ohne Probeaufnahme, rein aufgrund der messtechnischen Werte, ob die Schatten im fertigen Bild die gewünschte Detailzeichnung enthalten oder ob die Aufhellung weiter verstärkt werden muss. Die Messsysteme von Sinar *(siehe Grundlagenband Kapitel 5)* sind dazu ideale Hilfsmittel, weil der Fotograf nicht am Motiv mit viel Streulicht misst, sondern in der Filmebene, dort, wo danach das Bild entsteht.

Welche Beleuchtungsart für ein Porträt, eine Werbeaufnahme oder eine dezente Aktaufnahme erforderlich ist, hängt nicht nur von der Art des gewünschten Bildes und von den zur Verfügung stehenden Lichtquellen ab, sondern auch vom persönlichen Stil des Fotografen. Manche Fotografen – oder oft auch die Auftraggeber – wünschen für eine bestimmte Aufnahme eine kontrastreiche Lichtführung, während in anderen Fällen, in denen es beispielsweise auf höchste Detailwiedergabe ankommt, eine weiche, nahezu schattenlose Beleuchtung gefordert wird.

Gerade in der Peoplefotografie darf eine Grundregel nicht übersehen werden: Es gibt in der Lichtgestaltung – ähnlich dem natürlichen Sonnenlicht – immer nur eine Hauptlichtquelle, die einen einzigen, eindeutigen Schatten hervorruft. Zwei oder mehr direkte Lichtquellen bewirken mehrere Schatten, die immer unnatürlich wirken. Hingegen werden häufig mehrere starke zusätzliche Lichtquellen indirekt an die weisse Raumdecke oder einen speziellen Aufheller gerichtet, oder es wird eine grossflächige «Lichtwanne» verwendet, um eine allgemeine Helligkeit im Studio zur Schattenaufhellung zu erreichen.

In der Peoplefotografie werden relativ häufig zusätzlich zum Hauptlicht gewisse Effektlichter eingesetzt, die zum Beispiel einen Glanz auf der Frisur bewirken oder den Hintergrund aufhellen. Für die Effektlichter handelt es sich dabei in der Regel um leistungsschwächere Spotlichter

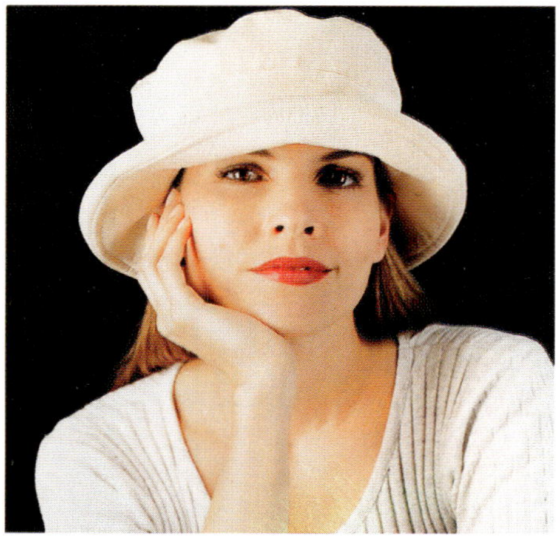

Ein weiches Hauptlicht von links mit einer gleichstarken Aufhellung (von rechts) gibt das Modell flach und ohne Tiefenwirkung wieder. Fotos: Roland Schmid.

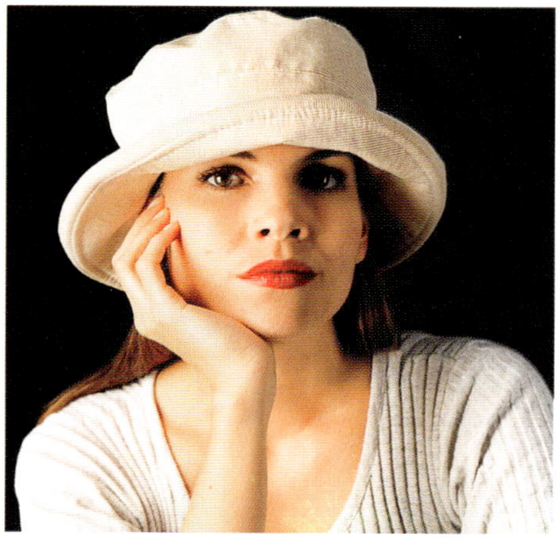

Die ausgewogene Beleuchtung mit einem Hauptlicht und einer halb so starken Aufhellung vermittelt dem Objekt eine bessere Tiefenwirkung.

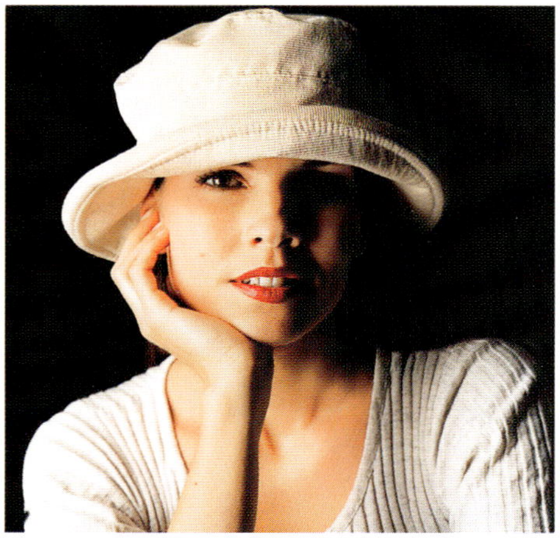

Das harte Licht mit einem Beleuchtungskontrast von 1:4 zeigt eine starke Tiefenwirkung und kaum Schattendetails. Sie eignet sich daher nur für besondere Effekte.

Light Brush ist eine Beleuchtungstechnik, die in den letzten Jahren stark in Mode gekommen ist und der ursprünglichen Definition der Fotografie «Zeichnen mit Licht» am nächsten kommt. Sie besteht darin, dass mit kleinen und variablen Lichtquellen das Motiv im Dunkeln bei einer langen Belichtungszeit von mehreren Minuten angemalt wird. Diese Beleuchtungsart verlangt vom Fotografen das Kennen seines Lichtwerkzeugs und eine hohe Konzentration während der Arbeit. Marco Paoluzzo hat diese Aufnahme mit einer Sinar p2 und einem 240-mm-Objektiv realisiert.

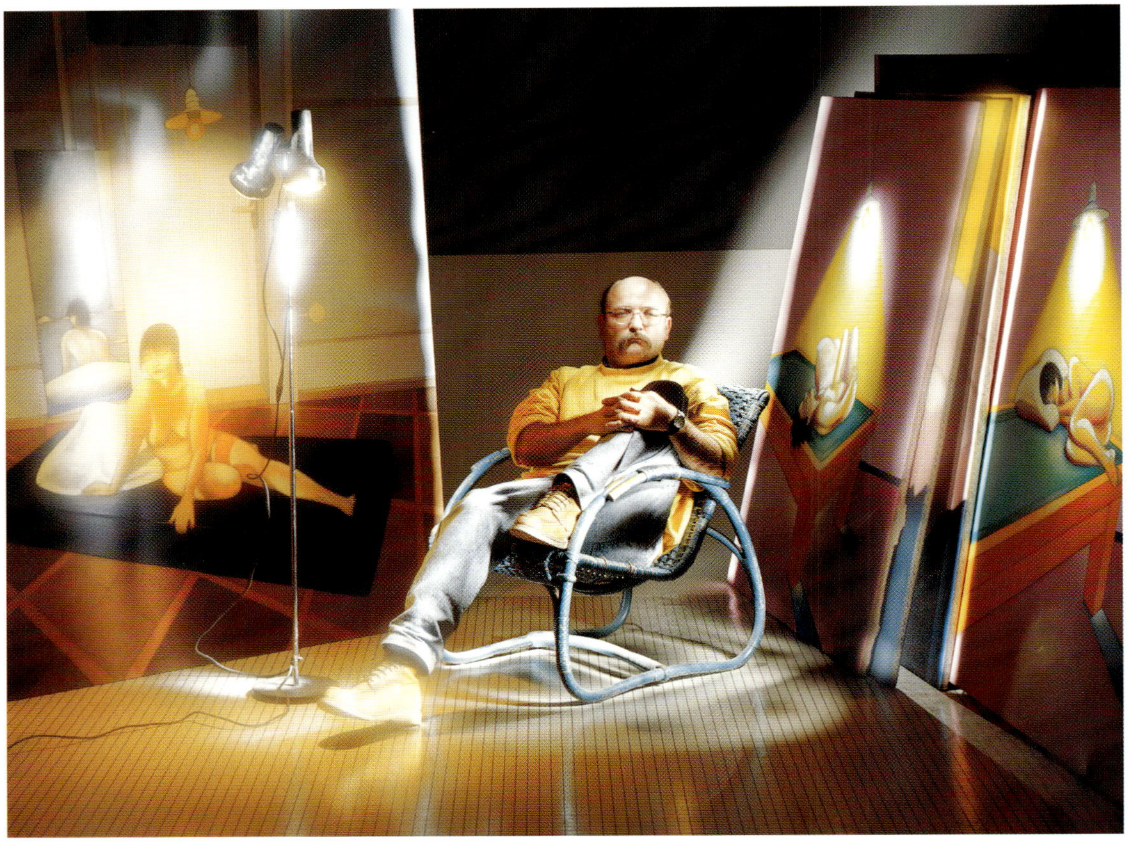

oder Normalreflektoren vorgesetzte Wabengitter, die einen engen, mit gewissen Leuchten verstellbaren Strahlenkegel aufweisen, der sich gezielt auf eine bestimmte Stelle des Motivs richten lässt.

Filter

Trotz der immer besser werdenden Filme und genormter Lichtquellen ist der Fotograf noch immer auf die Verwendung von Filtern angewiesen. Sie dienen in erster Linie dazu, die Lichtfarbe der Sensibilisierung der Farbfilme anzugleichen (Konversionsfilter), prozess- oder filmfabrikatorisch bedingte Farbstiche zu eliminieren (Farbkorrektur- oder CC-Filter) oder die Lichtmenge zu reduzieren, um eine bestimmte Arbeitsblende verwenden zu können (Neutraldichte- oder ND-Filter).

Weiter dienen verschiedene Aufnahme- und Effektfilter dazu, die Bildwirkung zu verändern. Dazu gehören die Verlauffilter, deren Dichte über ihre Fläche zu- bzw. abnimmt, die Polarisationsfilter, mit denen unter gewissen Voraussetzungen Reflexe und Spiegelungen auf nichtmetallischen Flächen gemildert werden können, sowie Effektfilter, mit denen z.B. Überstrahlungseffekte erzeugt, Hochlichter im Motiv als Sterne wiedergegeben oder partielle Farbveränderungen erzielt werden können. In der Schwarzweissfotografie dienen Farbfilter dazu, die Tonwertwiedergabe zu korrigieren oder zu verändern, um beispielsweise zwei verschiedene Farben gleicher Tonwerthelligkeit in der Aufnahme trennen zu können *(siehe Grundlagenband, Kapitel 6)*.

Farbe oder Schwarzweiss

Vielleicht hat gerade die Selbstverständlichkeit der heutigen farbigen Abbildungen dazu beigetragen, dass Schwarzweiss in den letzten Jahren wieder populärer geworden ist. Während die Farbfotografie zu einer realistischeren Darstellung führt, bringt uns die Schwarzweissfotografie in eine irreale, schon nahezu abstrakte Bilderwelt. Nicht nur die Umsetzung der Farben in entsprechende Grauwerte führt zu diesem interessanten Bildempfinden, sondern auch die mögliche Veränderung dieser Grauwerte durch die Gesamthelligkeit des Bildes, durch die Veränderung gewisser Grauwerte mit Filtern oder durch eine Veränderung des Kontrastes mittels Gradationsbeeinflussung.

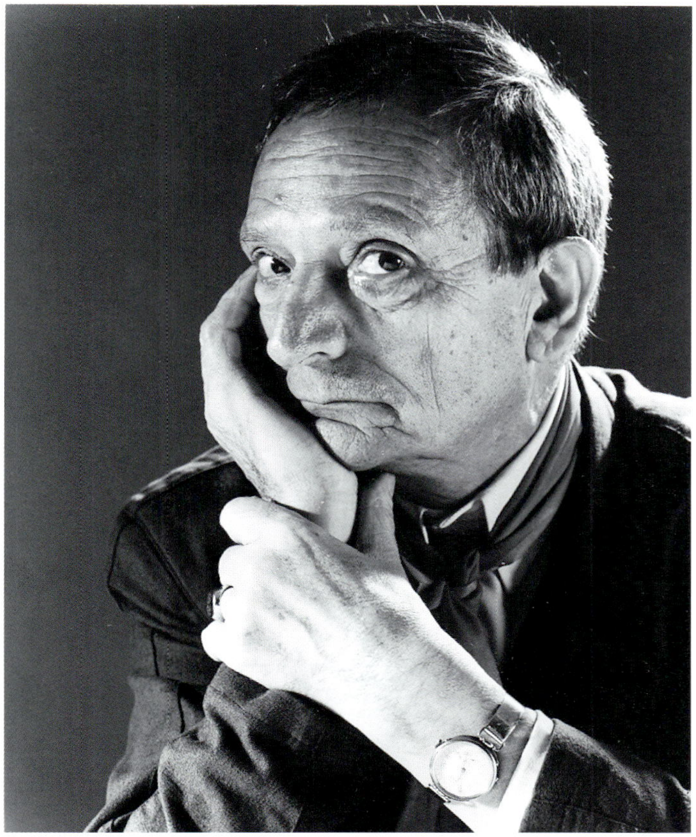

Bernd Widmann hat den Kommunikations-Designer Prof. Kurt Weidemann mit effektvollem Licht in Schwarzweiss porträtiert. Die Schwarzweiss-Fotografie erlebte in den letzten Jahren eine Renaissance, weil sie in vielen Fällen eine abstraktere Wirkung hat als die Farbe.

In der Peoplefotografie werden für Auftragsarbeiten in der Regel Farbbilder oder Farbdias gewünscht, während sich die Fotografen bei freien Arbeiten wieder häufiger für die (kreativere) Schwarzweissfotografie entscheiden.

Korn oder Pixel

Ein modernes Buch über Fotografie wäre unvollständig, wenn nicht die elektronische Fotografie darin erwähnt wäre. In der Peoplefotografie hat sie schon stärker Einzug gehalten, als man gemeinhin annimmt. Beispielsweise im Passbildbereich sind schon seit ein paar Jahren Systeme auf dem Markt, die filmlose Farbfotos anbieten. Und auch im Bereich der Druckvorstufe, vor allem für Prospekt- und Katalogproduktionen, sind Kameras mit elektronischen Rückteilen schon seit längerem im Einsatz.

Der Vorteil ist offensichtlich: Die digitalen Aufnahmen können direkt im Computer weiterbearbeitet und in die Seitengestaltung integriert werden. Der zeitraubende Arbeitsgang der Filmentwicklung entfällt. Allerdings fehlt damit auch die Möglichkeit einer beliebigen Vergrösserung und Vielfachverwendung einer Aufnahme, die noch über längere Zeit unbestritten die Hauptvorteile der chemischen Fotografie bleiben werden.

Grundsätzlich gibt es in der digitalen Fotografie die zwei verschiedenen Prinzipien der Chip-Kamera mit einem CCD-Flächensensor und der Scanner-Kamera mit einer beweglichen CCD-Zeile. Durch die beiden unterschiedlichen Funktionsprinzipien unterscheiden sich auch die Einsatzmöglichkeiten. CCD-Flächensensoren erfassen das gesamte Bild im Bruchteil einer Sekunde und sind damit in der Lage, auch dynamische Motive aufzunehmen. Allerdings gestattet die kleinere Bilddatenmenge nur eine beschränkte, für die meisten Fälle üblicher Drucksachen jedoch ausreichende Auflösung und Bildgrösse. Der CCD-Scanner liefert eine grössere Datenmenge und ermöglicht damit eine grössere Bildwiedergabe, mit dem Nachteil, dass der Scanvorgang bei der Aufnahme einige Minuten dauert und dadurch nur statische Objekte fotografiert werden können. Deshalb kommen sie für die Peoplefotografie nicht in Frage.

Die Anwendungen digitaler Kameras in der Peoplefotografie beschränken sich für die nächste Zeit noch auf kommerzielle Nutzungen von Werbeaufnahmen in schnell zu produzierenden und vergänglichen Drucksachen.

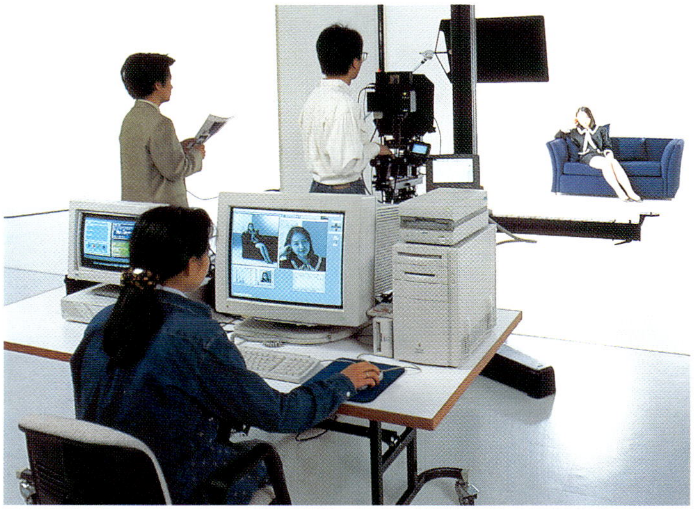

Die digitale Fotografie wird auch in der dynamischen Peoplefotografie immer häufiger angewandt, wie dieses Bild eines digitalen Studios mit einer Sinar e und dem Leaf-Rückteil zeigt.

Nächste Doppelseite: Verschiebungen und Schwenkungen der hinteren Kamerastandarte werden häufig an Motiven mit rechten Winkeln angewandt. Wie sie sich an einem Porträt auswirken, zeigt die nachfolgende Doppelseite. Starke Verschiebungen führen häufig zu ungewohnten Perspektiven, während Schwenkungen zu Verzerrungen des Objektes führen können.
Fotos: Roland Schmid, Sinar f2 mit Zoom-Rollfilmkassette.

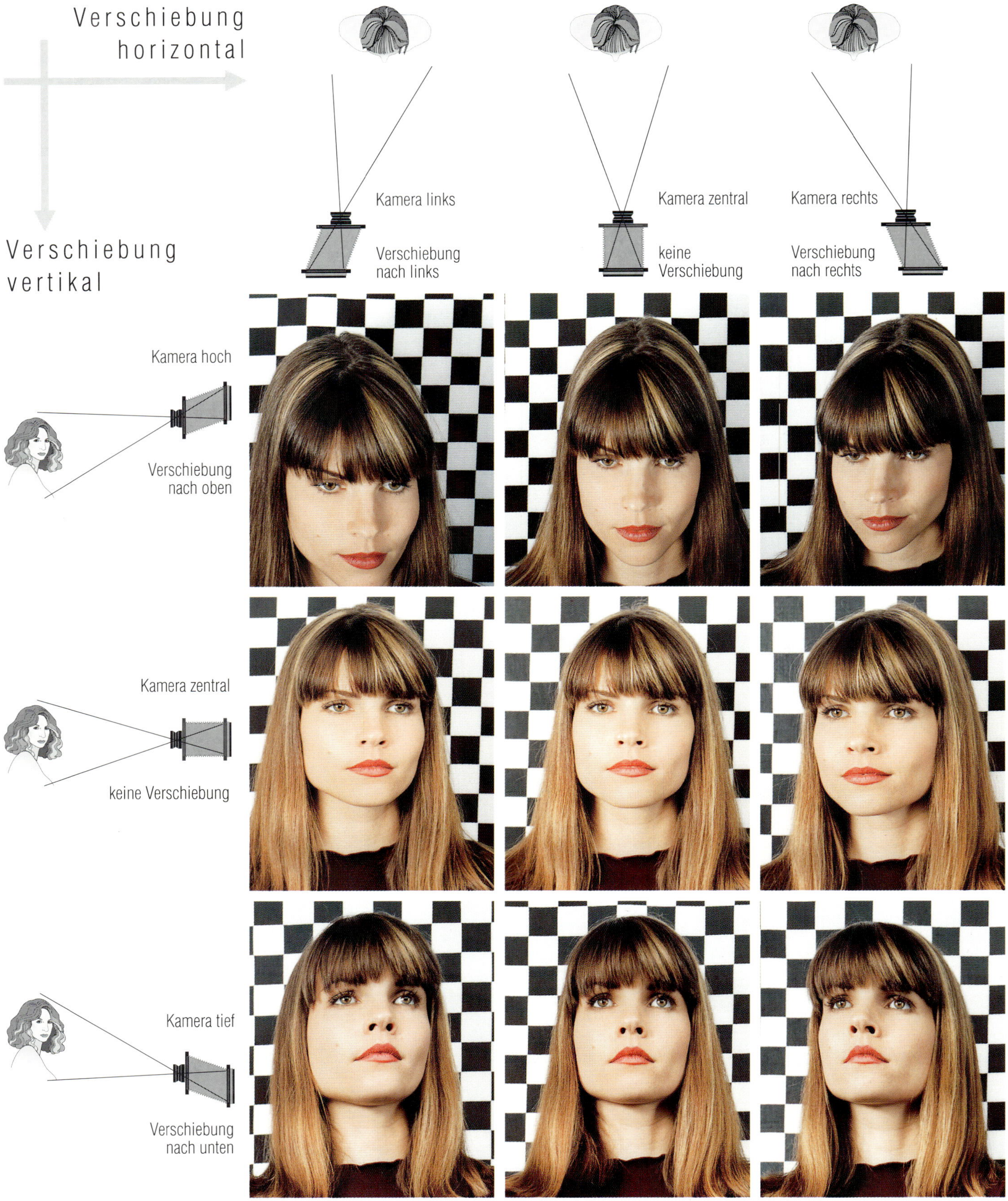
Verschiebung horizontal
Verschiebung vertikal
Kamera links
Verschiebung nach links
Kamera zentral
keine Verschiebung
Kamera rechts
Verschiebung nach rechts
Kamera hoch
Verschiebung nach oben
Kamera zentral
keine Verschiebung
Kamera tief
Verschiebung nach unten

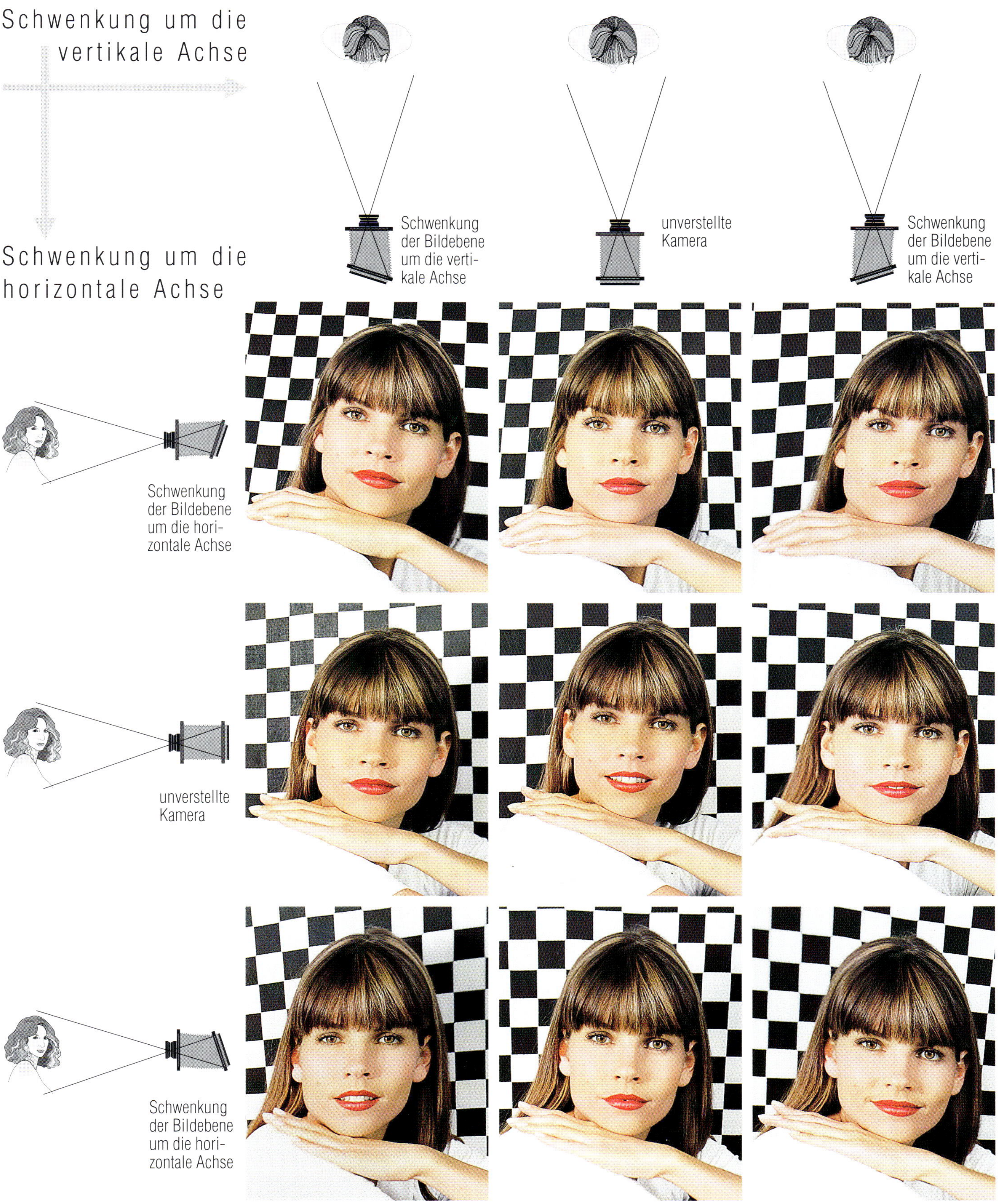
Schwenkung um die vertikale Achse
Schwenkung um die horizontale Achse
Schwenkung der Bildebene um die vertikale Achse
unverstellte Kamera
Schwenkung der Bildebene um die vertikale Achse
Schwenkung der Bildebene um die horizontale Achse
unverstellte Kamera
Schwenkung der Bildebene um die horizontale Achse

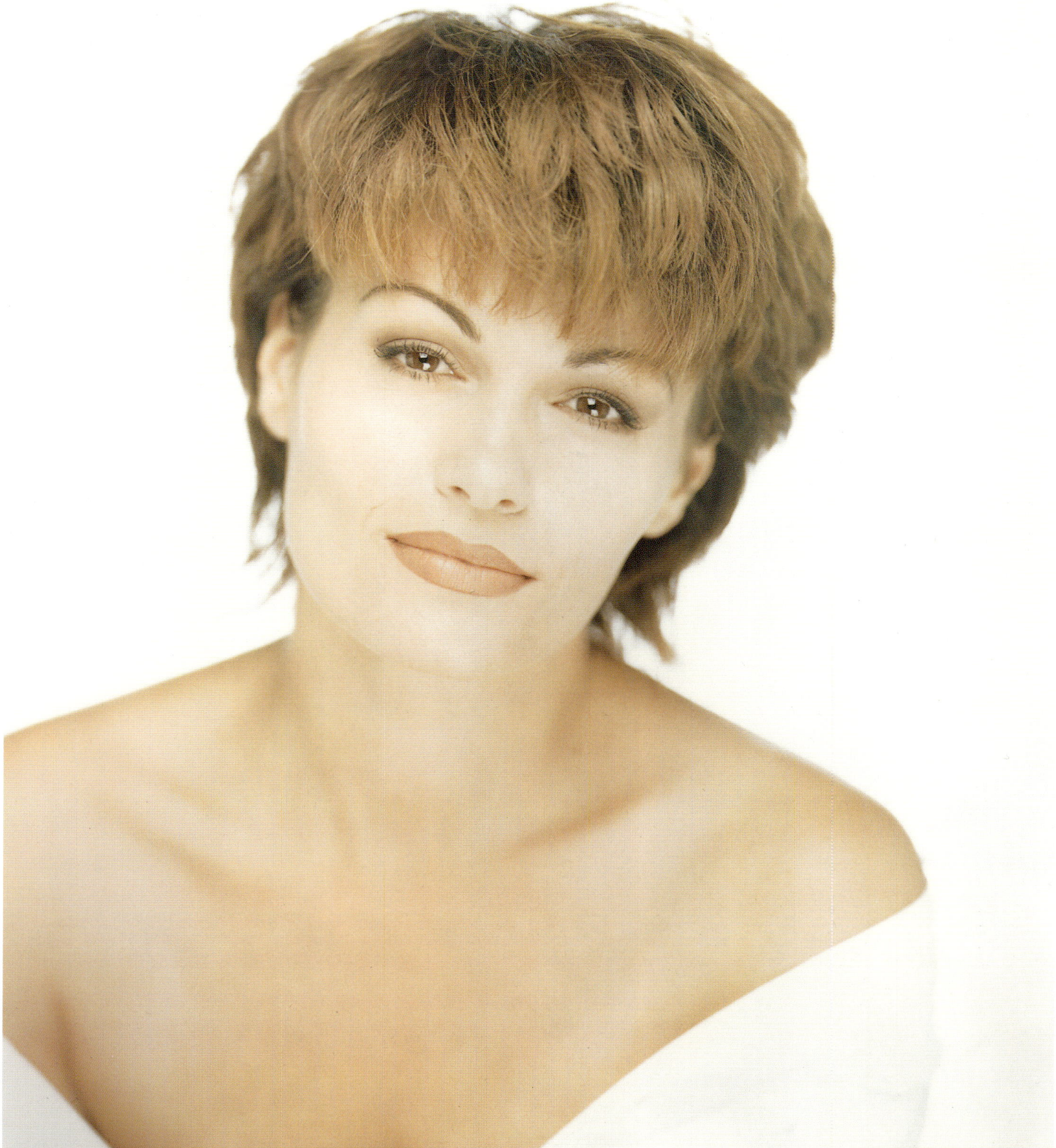

Die Bildgestaltung

Die Bildgestaltung bei Peopleaufnahmen wird häufig unterschätzt bzw. vom Fotografen zuwenig gepflegt. Dabei ist der Freiraum um unser Modell herum ebenso wichtig wie die Raumaufteilung bei einer Landschafts- oder Architekturaufnahme. Im Gegenteil: Die Person braucht im Format ihren Freiraum, um «atmen» zu können und wirkungsvoll zur Geltung zu kommen. Was über die üblichen Regeln der Bildgestaltung bei Personenaufnahmen besonders beachtet werden muss, steht in diesem Kapitel.

Jedes Motiv hat seine Umgebung. Fotografieren wir einen Baum in freier Landschaft, so ist zwar der Baum unser eigentliches Motiv, doch er ist umgeben von einer Landschaft, die für den Gesamteindruck des Bildes von grösster Wichtigkeit ist. Das Verhältnis und die Raumaufteilung zwischen Motiv und Umgebung (bzw. Freiraum) nennen wir Bildgestaltung. Je harmonischer diese Raumverhältnisse im Bild zueinander sind, desto gefälliger ist das Bild.

Je mehr man sich mit der Bildgestaltung befasst, desto klarer erkennt man, dass jede Form einen gewissen Freiraum benötigt, um voll zur Geltung und nicht durch den Bildrand oder eine andere Form gestört zu werden. Ähnliches gilt für Motivlinien. Sie teilen den Bildraum in mehrere Flächen auf und führen den Blick des Betrachters durch das Bild hindurch. Die Linien und Flächen sind weitgehend dafür verantwortlich, wie der Betrachter das Bild sieht und seinen Inhalt aufnimmt. Unter Umständen haben diese Bildlinien eine derart starke Wirkung auf den Betrachter, dass dieser am eigentlichen Motiv vorbeisieht und alles andere wahrnimmt als das, was der Fotograf eigentlich zeigen wollte.

Bildgestaltung lässt sich kaum erlernen. Sie ist reine Gefühlssache. Entweder sieht man solche sich störenden Flächenverhältnisse und Bildlinien und achtet auf ihre Harmonie, oder man sieht sie nicht. Und oft gelingt es beispielsweise einem Bildredakteur, einen Bildausschnitt zu finden, der eine wesentlich stärkere Wirkung auf den Betrachter ausübt als das ursprüngliche Bild des Fotografen. Das kommt nicht zuletzt auch daher, dass der Fotograf nicht nur sein Bild wahrnimmt, sondern die Motivsituation mit ihrer riesigen Umgebung vor sich sieht, die in seinem Unterbewusstsein einen ausserordentlich starken Erinnerungseffekt zurückliess.

Das Modell braucht im Format seinen Freiraum und sollte nicht durch einen ungünstigen Bildausschnitt bedrängt werden. Dieses Porträt realisierte Roland Schmid mit einer Sinar f2 im Format 8 x 10″ mit einem 240-mm-Objektiv.

Das Bildformat

Die Bildgestaltung beginnt zunächst im Kopf des Fotografen. Bevor er zur Kamera greift, muss er sich überlegen, ob er sein Bild als Hoch- oder Querformat aufbauen will. Das Querformat wirkt ruhig und passiv, während Hochformataufnahmen aktiv, ja sogar aggressiv wirken können. Menschen werden in der Regel im Hochformat aufgenommen, obwohl gerade das Querformatbild eines Porträts seinen besonderen Reiz hat.

Auch hier spricht der Auftrag oft eine andere Sprache als das Gefühl des Fotografen. Der Kunde hat eine ganz klare Vorstellung oder eine Vorgabe durch die grafische Gestaltung, die festlegt, ob das Bild hoch- oder querformatig sein soll. Häufig ist gerade dieser Punkt eines jener Details, das in der Vorbesprechung untergeht.

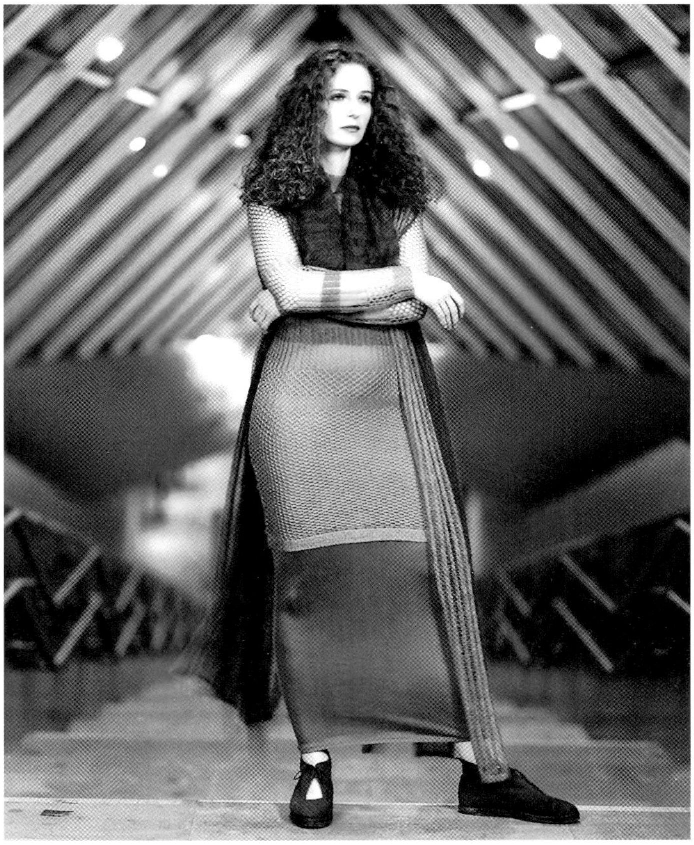

Bei vielen Peopleaufnahmen drängt sich das Hochformat förmlich auf, wie zum Beispiel bei dieser Kleidpräsentation, die Jörg Dieckmann mit einer Sinar p2 mit einem 210-mm-Objektiv auf Polaroid Negativfilm Typ 55 fotografiert hat.

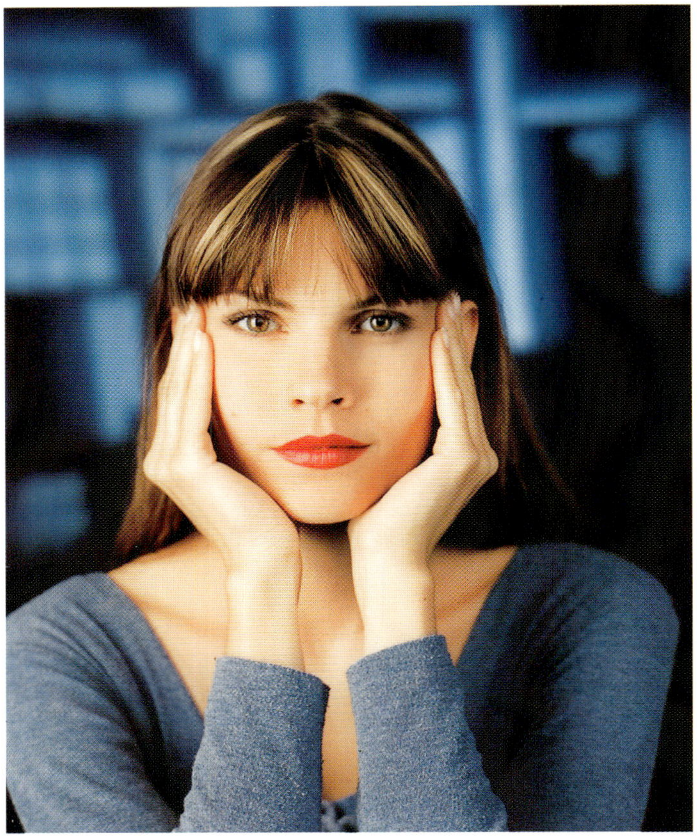

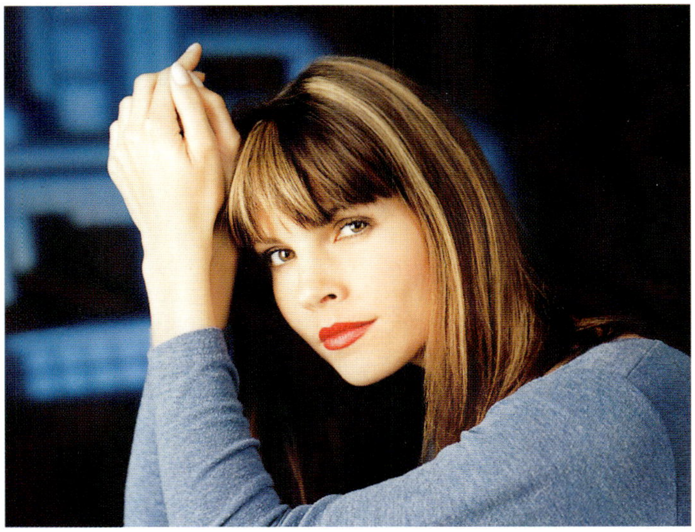

Porträts werden naheliegenderweise meistens im Hochformat aufgenommen. Man sollte sich jedoch bei jedem Bild überlegen, ob man nicht gelegentlich von dieser Gewohnheitsregel abweichen will, weil dadurch die Bildaussage wesentlich verändert werden kann: Bilder im Hochformat wirken aktiv bis aggressiv, während das Querformat eine ruhige und passive Aussage unterstützt.
Fotos: Roland Schmid, Sinar f2 mit Zoom-Rollfilmkassette.

Je breiter ein Bild ist, desto grösser ist seine Tiefenwirkung, je schmaler es ist, desto mehr konzentriert es den Blick des Bildbetrachters auf das eigentliche Motiv. Für die Umgebung bleibt beim Hochformat, aufgrund unserer Betrachtungsweise, die immer von links nach rechts verläuft, in der Regel relativ wenig Bildraum.

In diesem Zusammenhang spielt die Bildproportion eine ganz wesentliche Rolle. Das Seitenverhältnis 4:5 (Formate 6 × 7 cm, 4 × 5″, 20 × 25 cm) lässt bei Hochformataufnahmen dem Motiv mehr Freiraum als Seitenverhältnisse 3:4 oder gar 2:3. Gerade in der Porträtfotografie werden Kleinbildaufnahmen sehr häufig unten oder oben beschnitten, um eine andere Proportion des Bildes zu erhalten, und je mehr man mit der grossformatigen Fachkamera arbeitet, desto idealer empfindet man die Proportion 4:5. Hinzu kommt der Vorteil, dass die Beurteilung des grossformatigen Einstellbildes mit den wesentlichsten Gestaltungselementen viel einfacher ist als in kleineren Formaten.

Eine wertvolle Entscheidungshilfe bei der Bildausschnittwahl ist die verstellbare Sinar Formatmaske 2 *(siehe Grundlagenband, Praxisbeispiel 2)*, mit der man die Bildproportion und den definitiven Bildausschnitt vor der Aufnahme visuell festlegen kann. Abgesehen von ihrem eigentlichen Zweck als exakten Streulichtschutz an der Fachkamera ist sie ein hervorragendes Hilfsmittel, um «fotografisch sehen» zu lernen.

Das Modell im Bild

Entsprechend unserer Bildbetrachtungsweise, die wie unsere Schreibgewohnheit von links nach rechts verläuft, ist es nicht unwesentlich, wie wir eine Person in das Bildformat setzen. Blickt sie im Bild von rechts nach links, so haben wir als Bildbetrachter zu der Person sofort eine stärkere Beziehung, als wenn sie von uns weg in die rechte Bildhälfte blickt. Kommt noch hinzu, dass wir das Hauptlicht in der Regel von der linken Seite her einsetzen; das haben uns schon die alten Meister der Malerei als ideale Lichtrichtung so vorgemacht.

Eine äusserst wichtige Grundregel der Porträtfotografie lautet, dass das Modell in seiner Blickrichtung mehr Freiraum braucht als auf der Gegenseite. Die Person «braucht Platz zum Atmen», ist man geneigt zu sagen. Und obwohl sich diese Regel sehr schulmeisterlich und theoretisch anhört, so hat sie – das bestätigt einem die Praxis – sehr viel Richtiges an sich.

Eine andere wichtige Grundregel besagt, dass man – auch oder gerade bei Personenbildnissen – genügend Freiraum um das Motiv herum lassen sollte. Sehr oft ist man nämlich bei einer späteren Verwendung gezwungen, den definitiven Ausschnitt einer vorgegebenen Proportion anzupassen, und dann ist man froh, wenn sich auf dem Originalbild genügend Raum befindet. Grundsätzlich sollte man die Aufnahme eher etwas grosszügig auffassen und den definitiven Ausschnitt bei der Vergrösserung oder beim Abmaskieren mit einem Passepartout festlegen.

Eine weitere wichtige Grundlage für eine gelungene Personenaufnahme ist die Stellung der Arme und Beine. Sie haben als ausserordentlich gewichtige Bildlinien einen sehr grossen Einfluss auf die Bildgestaltung. Es sollten vor allem keine unlogischen Linienfolgen auftreten, bei der beispielsweise der Arm in einem gleichrichtig verlaufendem Bein eine Fortsetzung findet. Dadurch entsteht eine starke, nahezu diagonal verlaufende Linie, die den Bildraum und das Motiv optisch in zwei Hälften unterteilt.

Ähnliches gilt für Personen im Freien, wo Linien im Hintergrund eine sehr unvorteilhafte Überschneidung mit dem Motiv bewirken können. Auch das geübteste Modell muss sich in solchen Fällen Anweisungen des Fotografen gefallen lassen, weil nur er von der Kamera aus in Aufnahmerichtung solche Unschönheiten feststellen kann. Oft übersieht er sie auch, und dann wandert schon wieder eine unbefriedigende Aufnahme in den Mülleimer ...

Allerdings sind heute solche Aufnahmen nicht mehr rettungslos verloren, weil mit Hilfe der elektronischen Bildbearbeitung viele Fehler behoben werden können, bei denen sich früher der Aufwand mittels Retusche nicht lohnte. So ist es heute beispielsweise in der Mode- und Werbefotografie üblich, dass man die Modelle mit ihren erforderlichen Requisiten vor neutralem Hintergrund im Studio fotografiert und danach den gewünschten Hintergrund – zum Beispiel eine Karibik-Landschaft – im Bildcomputer hinzufügt. Auch ist es heute gang und gäbe, dass man ein rotes Kleid in ein grünes umwandelt oder dass man gewisse kosmetische Retuschen am Gesicht oder Körper eines Modells vornimmt, die früher nur sehr aufwendig hätten realisiert werden können. Hinzu kommt, dass solche elektronischen

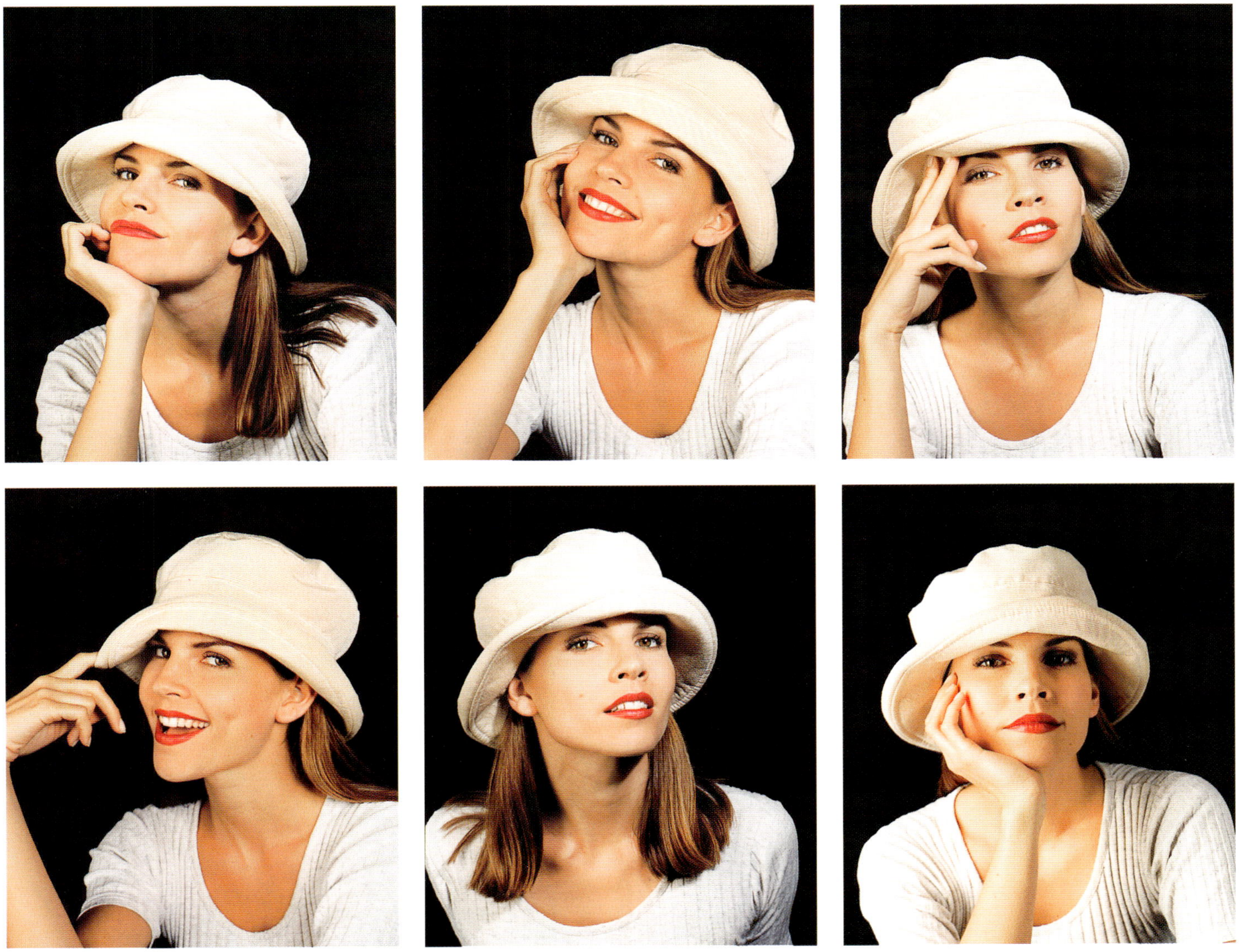

Für erfolgreiche Peoplefotografien braucht es die Zusammenarbeit zwischen Fotograf und Modell. Lassen Sie das Modell spielen. Sparen Sie nicht an Filmmaterial, und ernten Sie hinterher in der Bilderflut die Rosinen. Fotos: Roland Schmid mit Sinar f2.

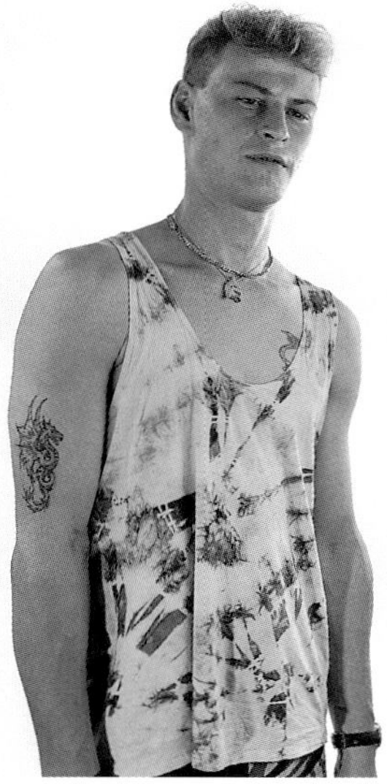
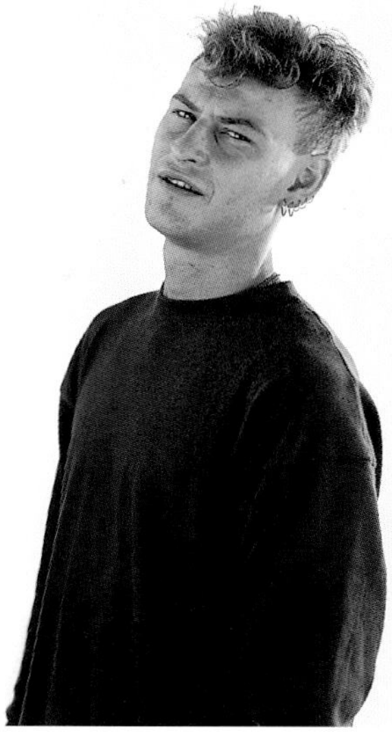
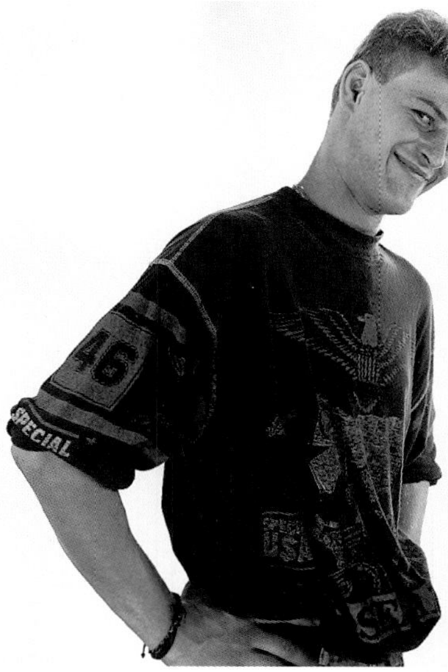
46
SPECIAL
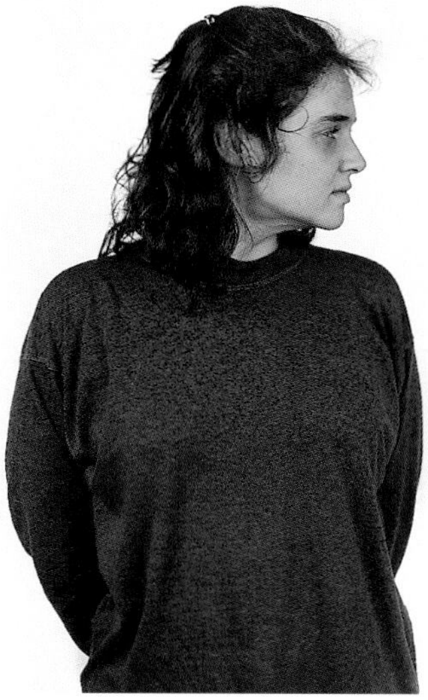
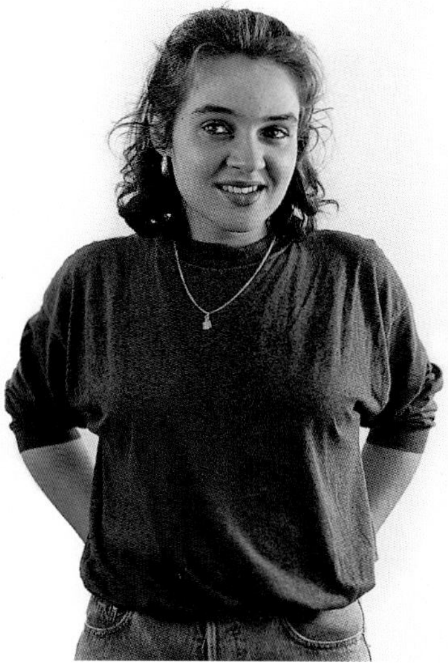
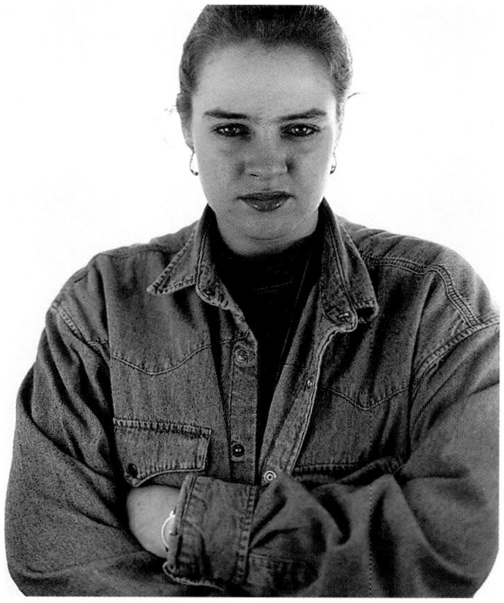
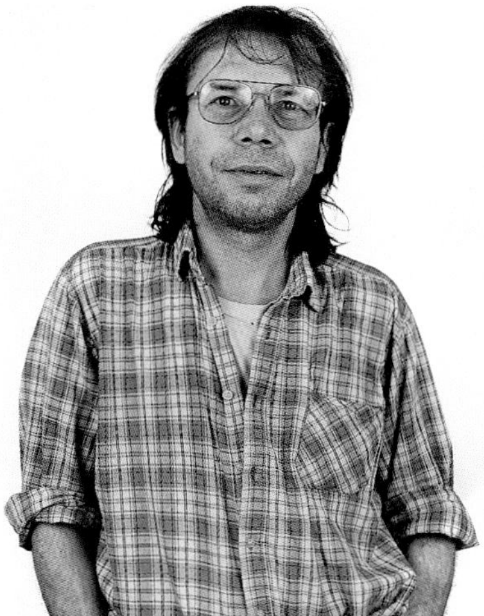
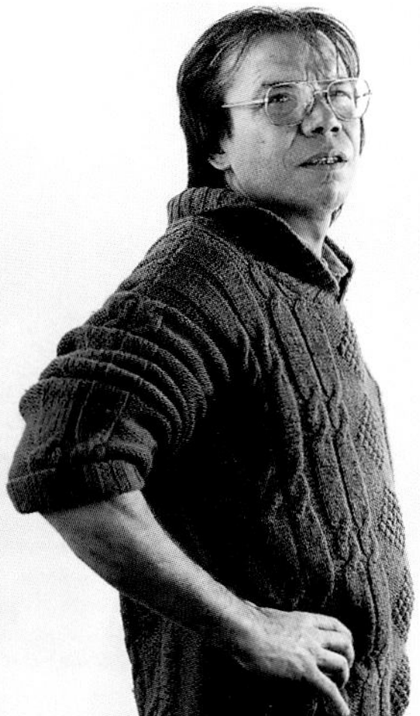
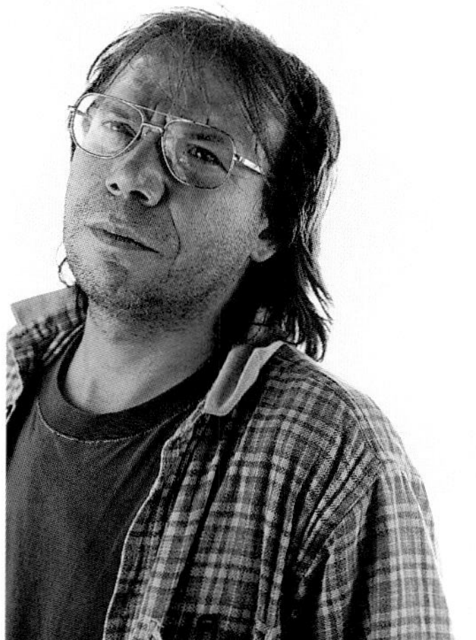

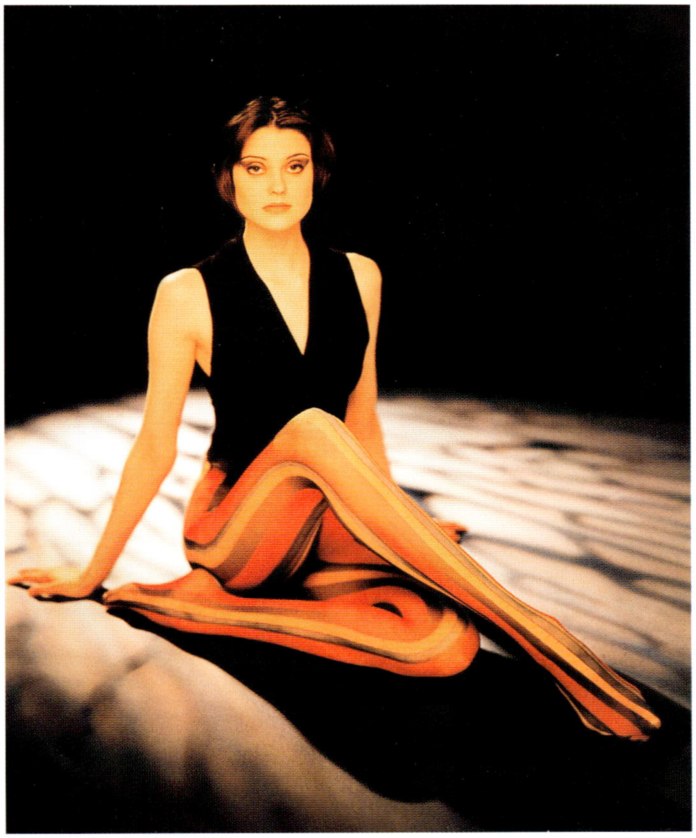

Oben: Raumatmosphäre im Studio simuliert: Der Gegenlichteffekt, die starke Perspektive und der Schärfeausgleich vermitteln der Aufnahme eine ausgeprägte Tiefenwirkung.
Foto: Roland Schmid.

Rechts: Peoplefotografie on location mit der Grossformatkamera. Für eine Strumpfwerbung, die vor allem junge Leute ansprechen soll, hat Akos einen dekorativen Fahrstuhl ausgewählt und die Szene mit einer Sinar f2 4 x 5″ und einem 90-mm-Objektiv aufgenommen.

Bildverarbeitungsverfahren je länger, je mehr nicht nur den Spezialisten zur Verfügung stehen, sondern jedermann, der einigermassen mit einem PC umgehen kann.

Die Möglichkeiten der elektronischen Bildbearbeitung dürfen den Fotografen nicht dazu verleiten, seine Arbeit in Hinsicht auf die späteren Korrekturmöglichkeiten oberflächlich auszuführen, denn nur er hat die Originalszene vor sich und damit die ideale Voraussetzung, um die beste Qualität zu liefern.

Jürg Ramseier hat mit seiner Sinar in einer Entzugsstation für Drogenabhängige über einen Zeitraum von fünf Wochen fotografiert. Dabei ging es ihm vor allem darum, die Veränderung der Physiognomie der Patienten zu zeigen.

Das Modell und die Requisiten

Requisiten sind bei vielen Personenaufnahmen ausserordentlich wichtig. Oft sind es ja in der Werbefotografie nicht die Personen, die wichtig sind, sondern irgendein Gegenstand, der möglichst vorteilhaft präsentiert werden soll. Weiter gibt es auch weniger fotografiergewohnte Personen, die insbesondere bei Porträt- und noch extremer bei Aktaufnahmen nicht wissen, was sie mit den Händen tun sollen. Hier schafft ein passendes Requisit Abhilfe. Die Betonung liegt jedoch auf dem Wort «passend». Es ist in den seltensten Fällen damit getan, dass man der Person irgend etwas in die Hand drückt. Der Gegenstand sollte in passender Beziehung zur Person oder zur Handlung – zum Akt – stehen. Viele Modelle kennen dieses Problem und nehmen gleich ihre ganze «Klamottenkiste» mit, wenn sie zum Fotografen gehen. Auf jeden Fall ist es wichtig, dass man die Requisitenfrage mit dem Modell vor dem Aufnahmetermin bespricht, damit man nicht während den Aufnahmen mit der hoffnungslosen Suche nach irgend etwas Fassbarem zuviel Zeit verliert. Bei der Auswahl von Requisiten sollten peinlich genau auf die Epoche, den Stil und den Zustand der Objekte geachtet werden, damit diese optimal zur Aufnahme passen.

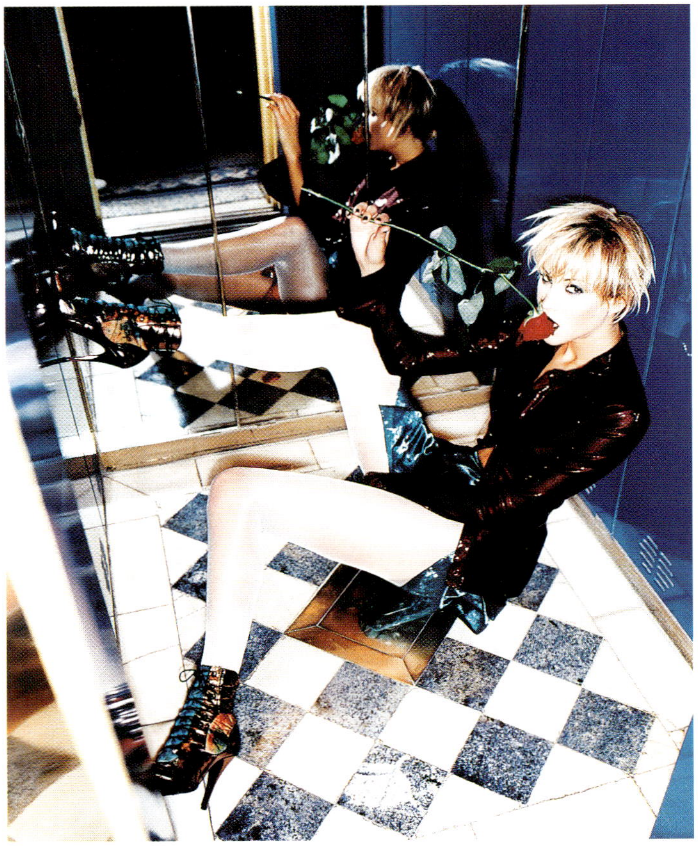

Richard Avedon

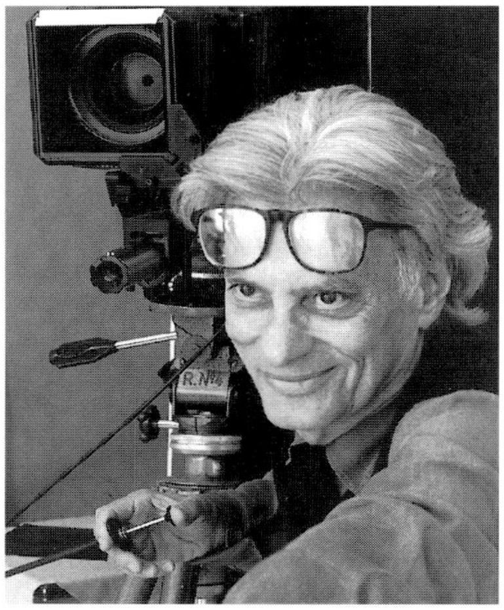

«Das Konzept der Visualisierung der vier Jahreszeiten könnte leicht zu einem Abklatsch einer sentimentalen Ära werden. Deshalb war es für mich eine besondere Herausforderung, Ewiges und Mystisches in modernen Bildern zu zeigen.»

Er gehört unbestritten zu den weltbesten Fotografen. Begonnen hatte Richard Avedons Karriere 1944, als er auf Grund seiner Freundschaft mit Art Director Alexey Brodovitch als Fotograf zu Harper's Bazaar berufen wurde. Lässt man die fünf Jahrzehnte fotografischen Schaffens von Richard Avedon an sich vorbeiziehen, so faszinieren seine Bilder durch eine klare, leicht verständliche Sprache, die bewusst auf grossen technischen Aufwand verzichtet und die Menschen einfach so zeigt, wie sie sind. Menschen sind in seinem fotografischen Schaffen auch immer das bevorzugte Thema, seien es Porträts, Modeaufnahmen oder Reportagen.

Der Pirelli-Kalender des Jahres 1995 knüpft an eine dreissigjährige Tradition an und sollte zu einem Höhepunkt dieser von Sammlern heiss begehrten Reihe werden. Vor allem sollte er bezüglich der Fotografien eine Besonderheit darstellen, und so wählten der langjährige Designer der Pirelli-Kalender Derek Forsyth und die Verantwortlichen der Marketingabteilung Richard Avedon.

Die Aufgabe: Mit der Darstellung der vier Jahreszeiten wollte man weg von bisherigen Strandszenen und mit vier speziell ausgesuchten Fotomodellen Winter, Frühjahr, Sommer und Herbst zeitlos, originell und ästhetisch darstellen. Die Bilder sollten die vier Jahreszeiten nicht durch einfache Porträts darstellen, es sollten auch keine Modefotos werden, sondern man suchte eine Lösung in einem besonders natürlichen Ausdruck.

Die Arbeit setzte eine monatelange Planung mit dem Entwurf, der Modellsuche, dem Casting und der Beschaffung, beziehungsweise der speziellen Herstellung der Requisiten, voraus. Vier Modelle wurden bestimmt, die je eine Jahreszeit verkörpern sollten: Nadja Auermann kam mit ihrem aufregenden, eiskalten Blick für den Winter in Betracht, Farrah Summerford strahlte mit ihrem jugendlichen Aussehen die Lebensfreude des Frühlings aus, Naomi Campells glühende Sinnlichkeit war ideal für die Sommerbilder und die mystische Schönheit von Christy Turlington sollte den Kalender mit den Herbstmonaten beschliessen.

Ein weiteres Novum für die erfahrenen Kalendermacher von Pirelli war die Tatsache, dass die Bilder nicht im Freien, sondern in einem Studio fotografiert wurden. Man wählte die Industria Studios in New York, dort, wo Richard Avedon lebt. Zieht man die enorme Vorbereitungsarbeit in Betracht, so ist die effektive Produktionsdauer der Bilder von nur zwei Wochen ausserordentlich kurz.

Die Bilder unseres Portfolios zeigen die Kalenderbilder September, Januar, Februar, März und November. Neben der perfekten Lichtführung und Kameratechnik vermitteln sie auch einen Eindruck von der aufwendigen Arbeit des Stylisten- und Visagistenteams und der vier Assistenten von Richard Avedon. Avedon fotografierte mit einer traditionellen Sinar 13 × 18 cm auf Kodak Ektachrome-Film. Er ist ein überzeugter Sinar Grossformatfotograf, der für die Peoplefotografie oft das Format 20 × 25 cm-Format wegen der unübertroffenen Kontrolle über das Einstellbild vorzieht.

Auch für Richard Avedon war die Pirelli-Produktion Neuland. Noch nie hatte er einen Kalender fotografiert, und die guten Bilder sind nicht alleine seinem grossen fotografischen Können zu verdanken, sondern auch Nadja, Farrah, Naomi, Christy und einem gut eingespielten Team von professionellen Helfern.

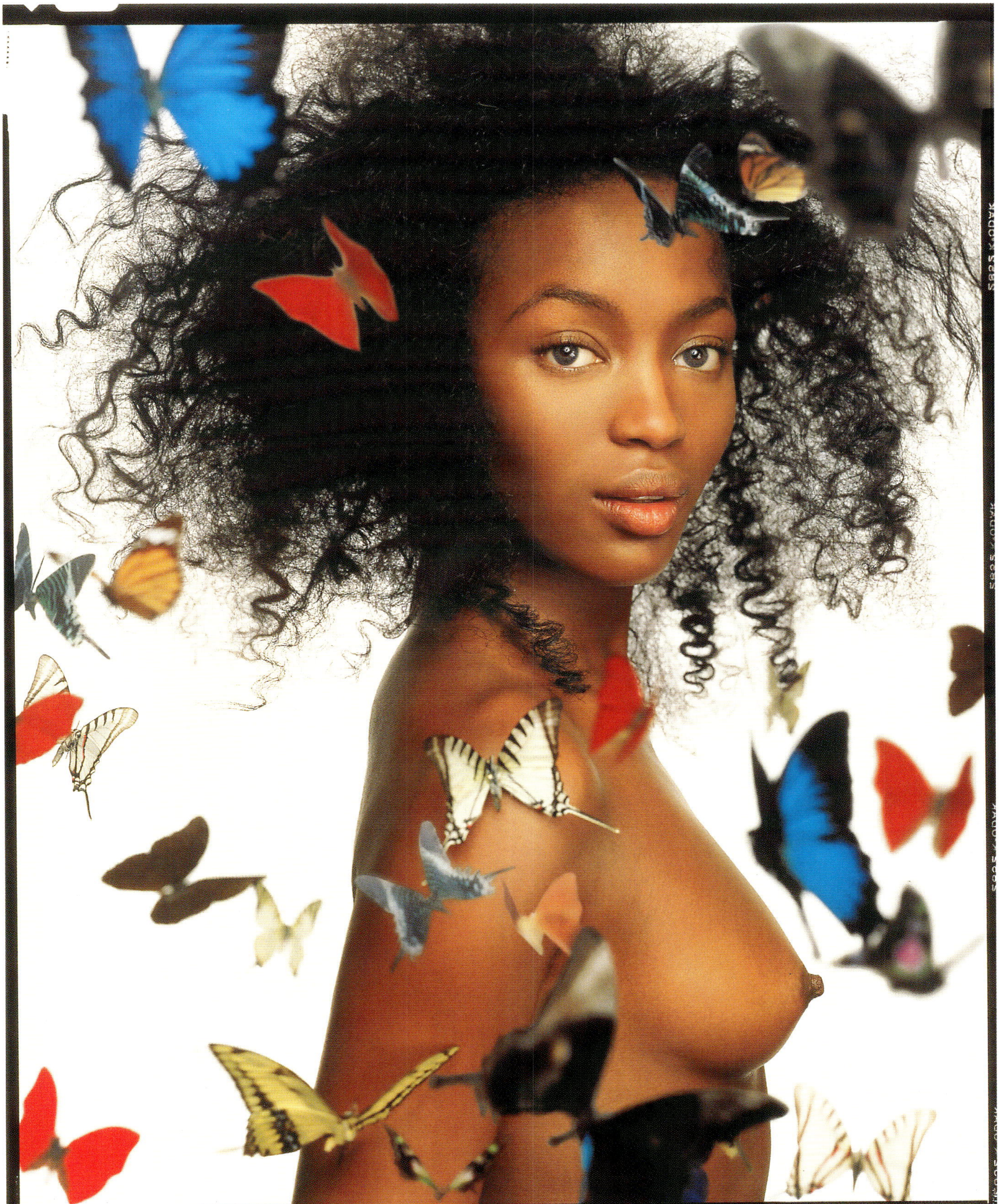

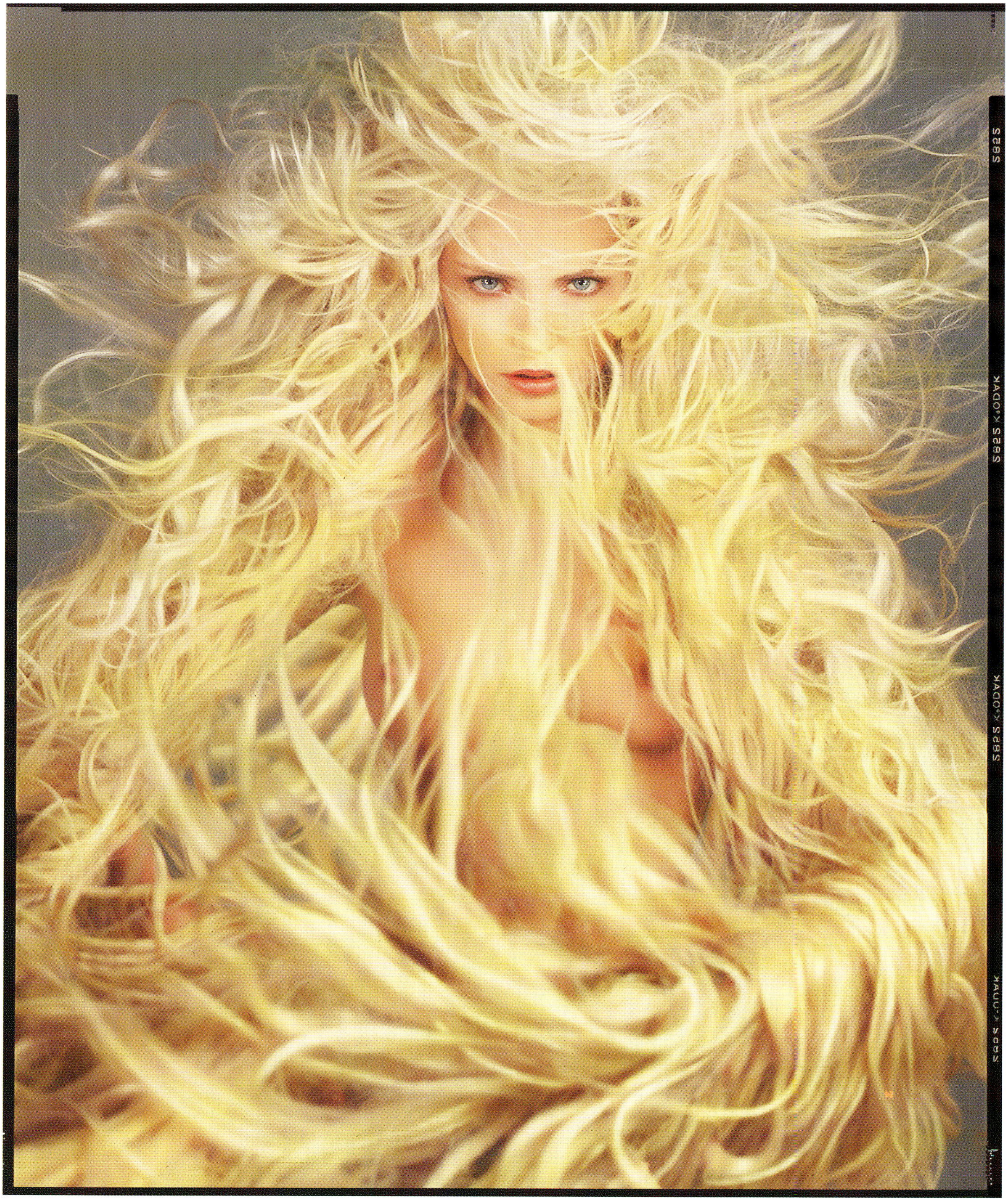

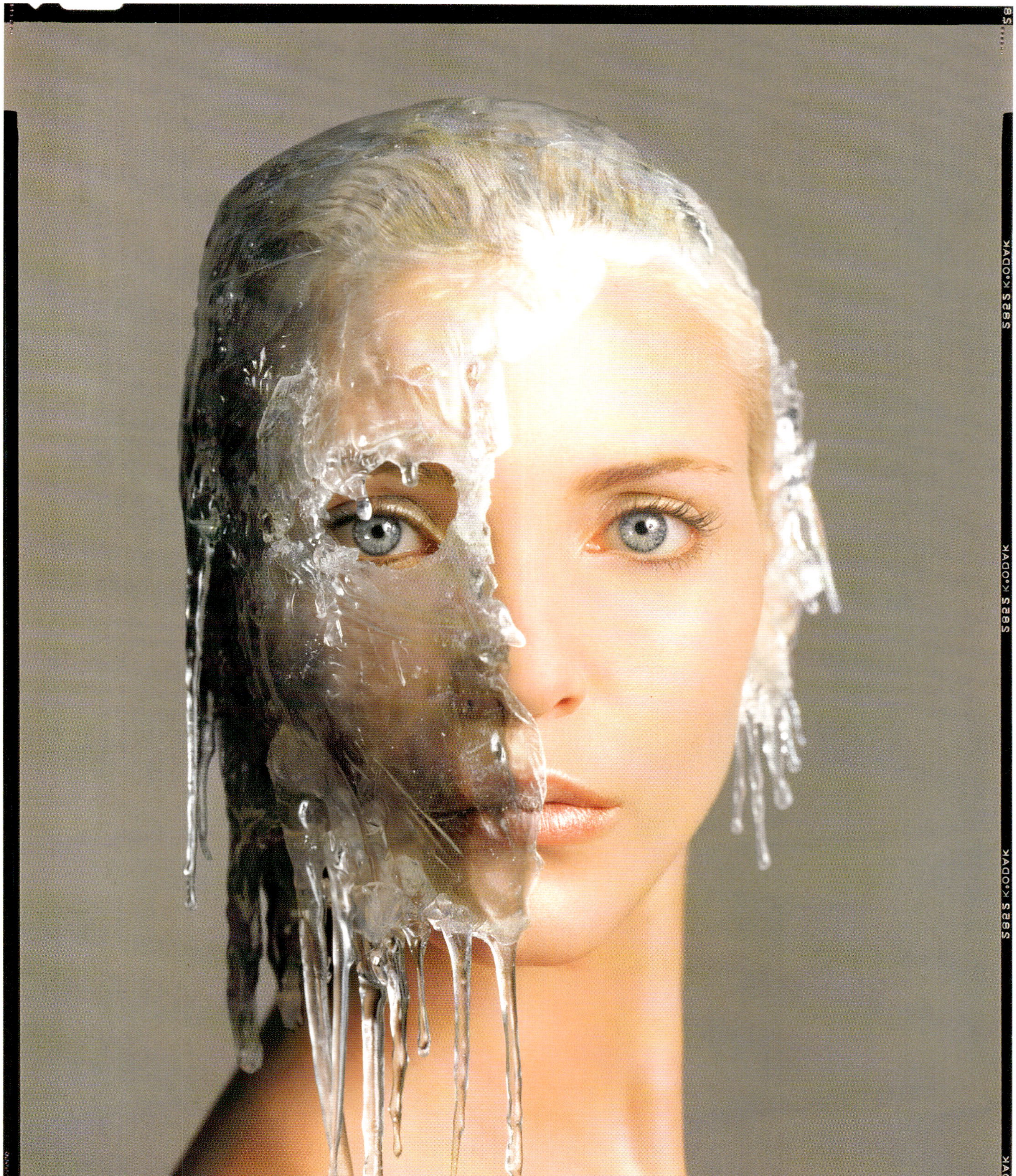

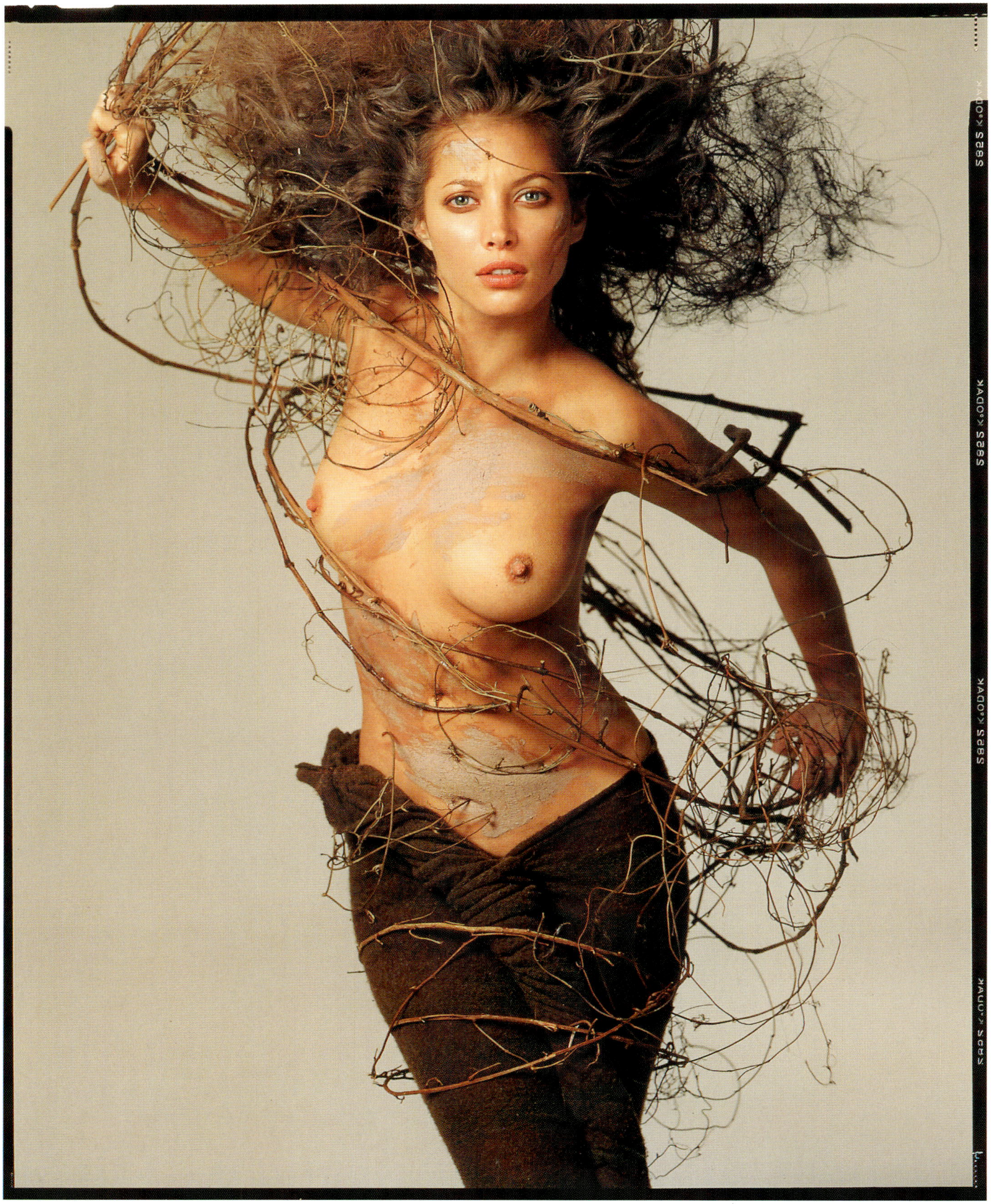

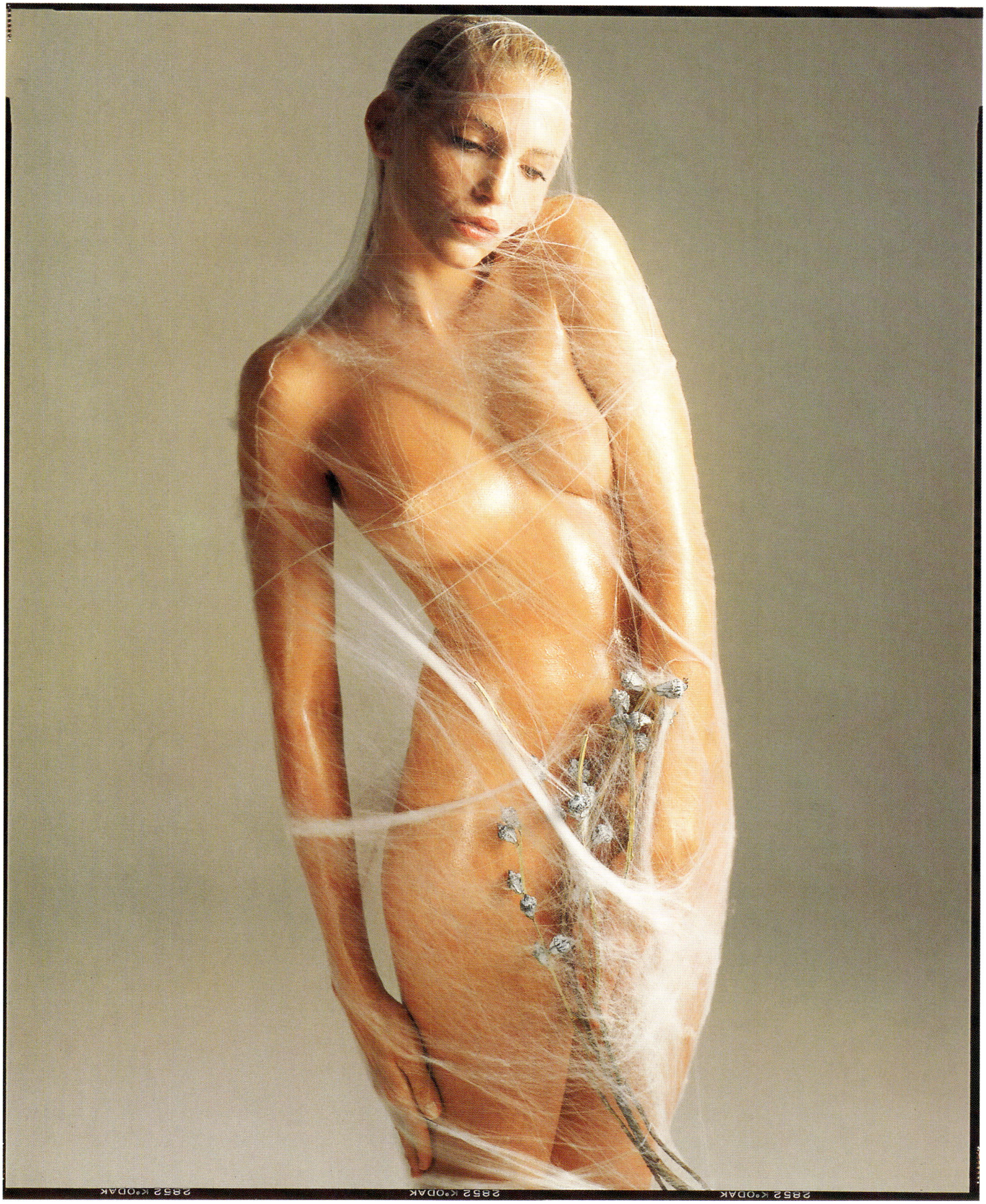

Akos

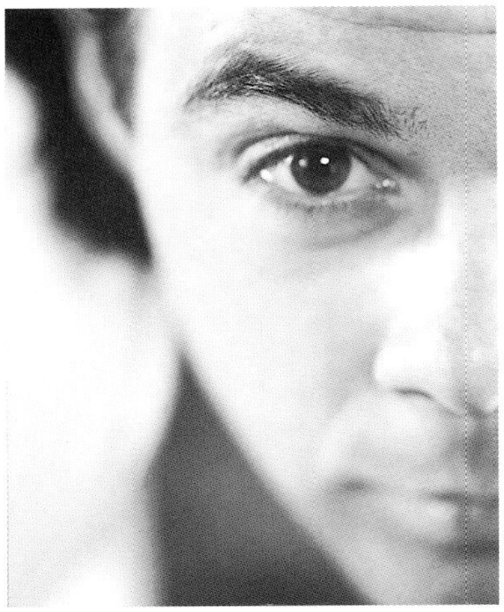

«Es gibt zwei Hauptgründe, weshalb ich die Grossformatkamera bevorzuge: Erstens ergeben sich durch die geringere Schärfentiefe und die Wahl der selektiven Schärfe wunderbare Bildeffekte, die den Betrachter in eine dritte Dimension führen. Und zweitens gelingen mit dem Polaroidfilm 8 × 10″ Farbeffekte, die mit keinem anderen Material zu erzielen sind.»

Sein etwas unüblicher Vorname «Akos» ist für ihn schon fast zum Markenzeichen geworden, und kaum jemand, der von ihm spricht, nennt seinen Nachnamen. Markenzeichen ist auch sein Stil, wie er Menschen fotografiert. Es sind vor allem sinnliche Porträts und Ganzkörperaufnahmen von Mädchen, wie sie für redaktionelle Beauty-Arbeiten oder in der Mode gebraucht werden. Akos gibt mit der Fotografie seinen Seheindruck weiter – die Kamera ist Mittel zum Zweck.

Das hört sich nach einer einfachen und unkritischen Fotografie an. Bei Akos weit gefehlt. Akos hat eine Liebe zu den Details, er ist überaus selbstkritisch und befasst sich intensiv mit seinem Thema, der Stimmung, seinem Modell und den Ergebnissen, bis er das fertige Bild seinem Kunden abliefert.

Wie hat das alles angefangen? Obwohl Akos' Vater Fotograf ist und ein modernes Farblabor betreibt, wurde ihm die Fotografie nicht in die Wiege gelegt. Er hat sie entdeckt, als er versuchte, die Bilder berühmter Fotografen nachzumachen. Bilder waren seine Vorbilder. Das Jahr als Assistent von Claus Wickrath in Paris hat dann auch seinen Stil und seine Neigung zur Peoplefotografie nachhaltig beeinflusst. «Auch meine freundschaftliche Beziehungen zur Firma Schmid in Oberentfelden hat mich beruflich enorm gefördert» erzählt Akos über jene Fima in der Nähe seines Wohnortes, die die Generalvertretung für Sinar Grossformatkameras in der Schweiz inne hat. «Was es in dem Demostudio an Sinarkameras und Elinchrom-Blitzanlagen zu sehen gab, war vom Feinsten, und wenn ich mich dort gelegentlich kreativ austoben durfte, waren das Sternstunden für mich. Ich lernte die Vorzüge der Sinar-Grossformatkamera in der Praxis kennen und wandte diese perfekte Technik bei meinem Lieblingsthema, der Peoplefotografie, an.

Akos scheint mit seinen rund dreissig Jahren den Durchbruch geschafft zu haben. «Besonders 1993 war ein Superjahr für mich» erinnert er sich. «Die redaktionellen Arbeiten für Bolero, Madame, Elle, und schliesslich Vogue haben mich nicht nur karrieremässig, sondern auch persönlich einen grossen Schritt weitergebracht.»

Sein Geheimnis sind aber nicht nur die persönlichen Beziehungen, sondern sein Portfolio, das er in langjähriger Arbeit aufgebaut hat. «Es sind die freien Arbeiten, die mir diese Kontakte ermöglicht haben» korrigiert Akos. Heute ist dieses Portfolio und die konsequente Weiterarbeit daran sein grosses Geheimrezept. Die freien Arbeiten seien seine Weiterbildung, und in jeder freien Minute nimmt sich Akos die Zeit, neue Ideen zu realisieren, um sie den vierschiedensten Redaktionen vorzulegen. «Inzwischen gelingt es mir immer wieder, dass ich meine freien Arbeiten direkt verkaufen kann, und schon oft haben die Art Directors sogar das Thema des Heftes meinen Bildern angepasst. Man muss nur wissen, welche Bilder zu welchem Zeitpunkt von welcher Zeitschrift gesucht werden – und mit etwas Glück klappt dieser gesteuerte Zufall.»

Glück hat Akos in seiner Laufbahn ohne Zweifel immer gehabt. Aber hinter der Glückssträhne verbirgt sich auch sehr viel Fleiss. Akos hat sich die Technik der Grossformatfotografie zusammen mit Roland Schmid in unzähligen Abend- und Sonntagsstunden erarbeitet, und die Tatsache, dass er seine Bilder im Labor seines Vaters immer selbst so vergrössert hat, wie er es wollte, war seine Garantie für einen Qualitätsbegriff, der seinem Markenzeichen «Akos» entspricht.

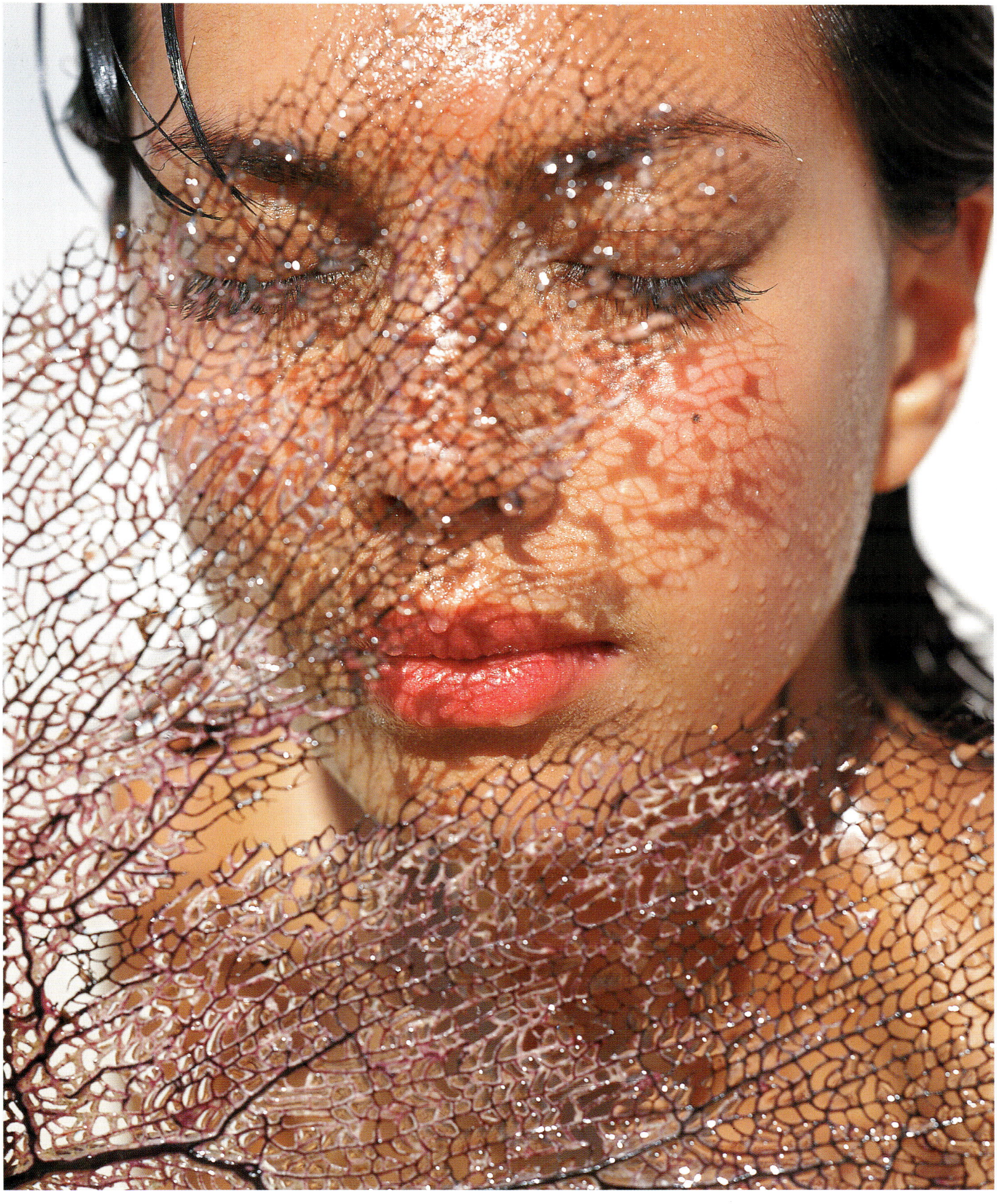

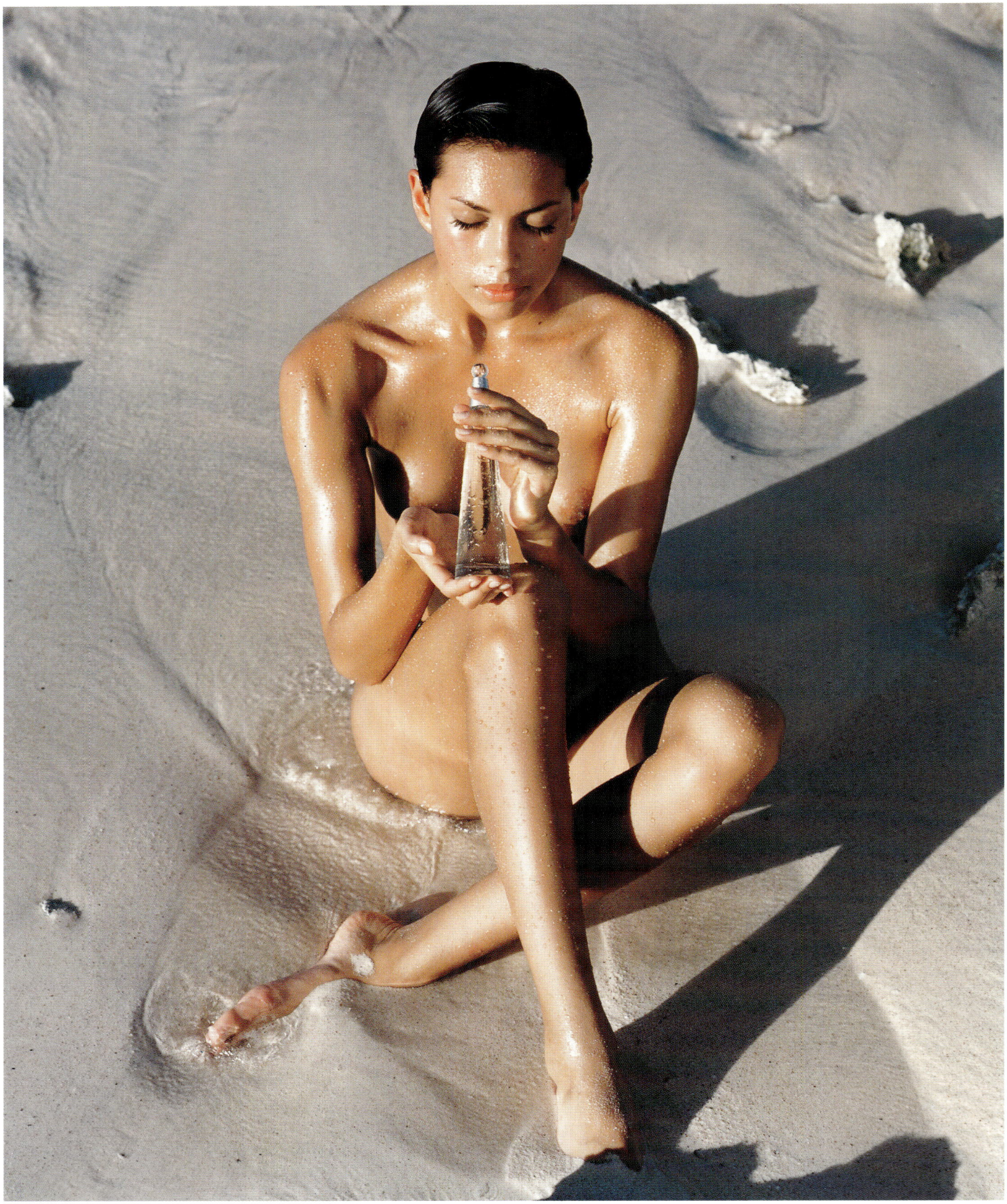

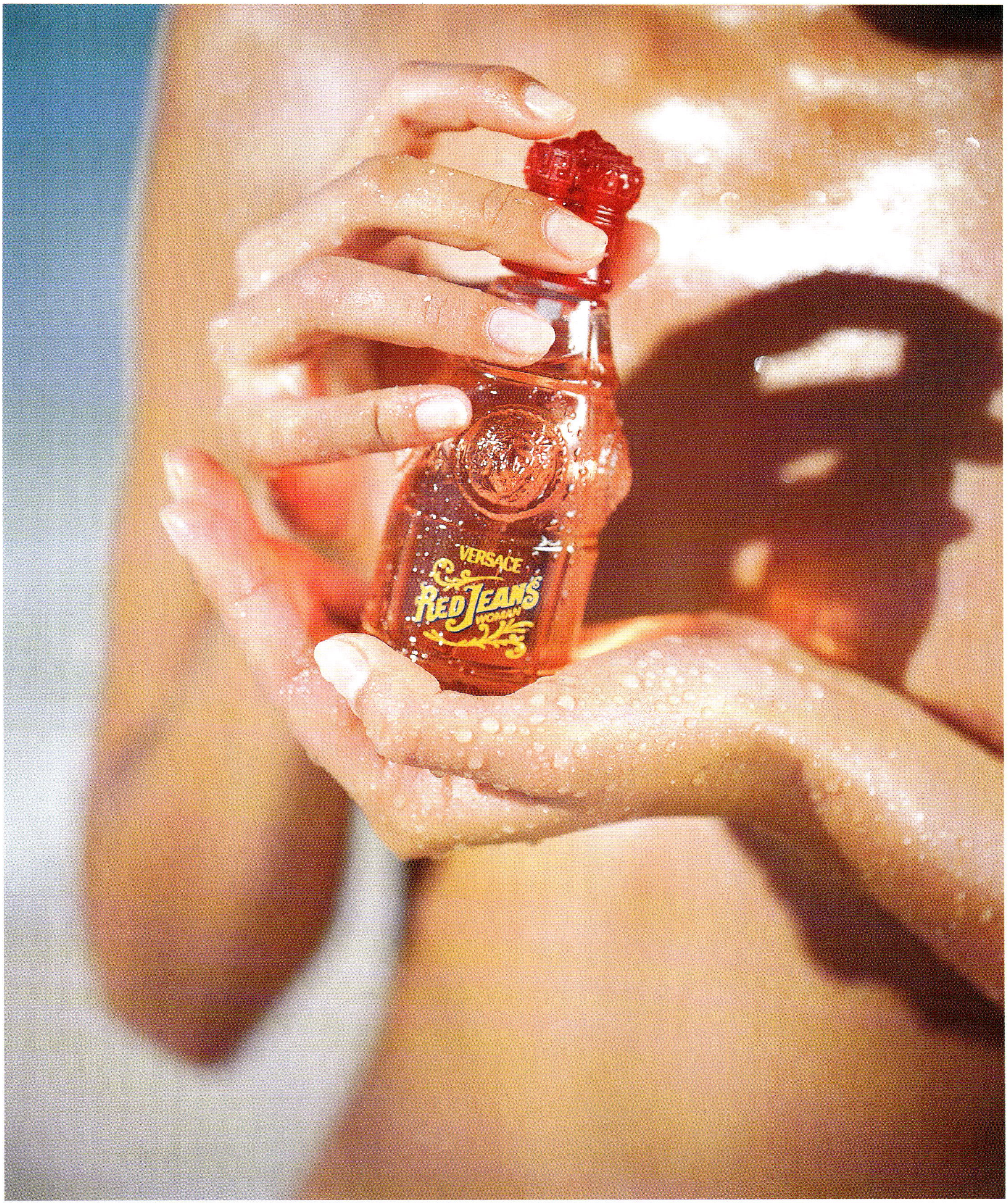
VERSACE
RED JEANS
WOMAN

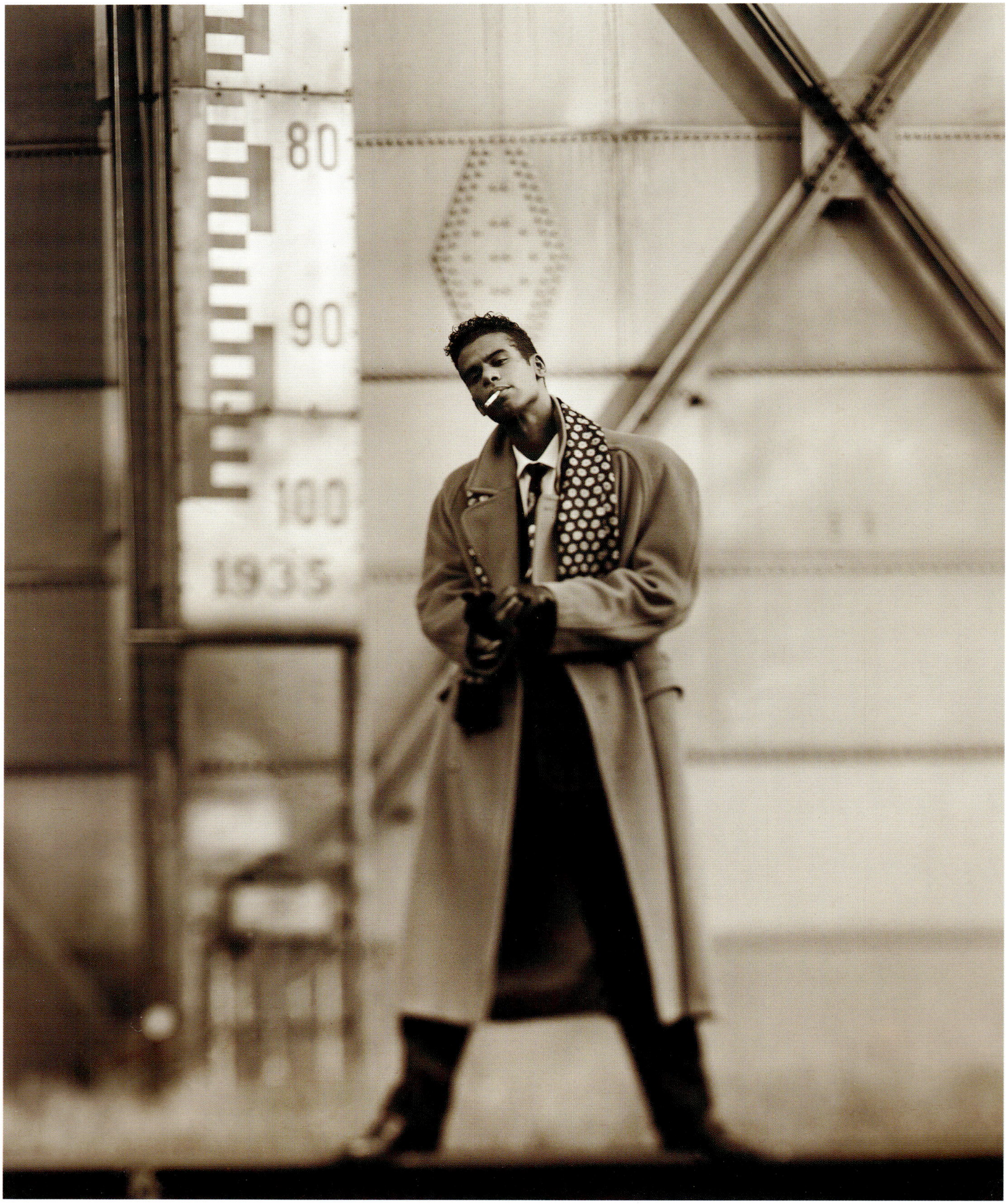
80
90
100
1935

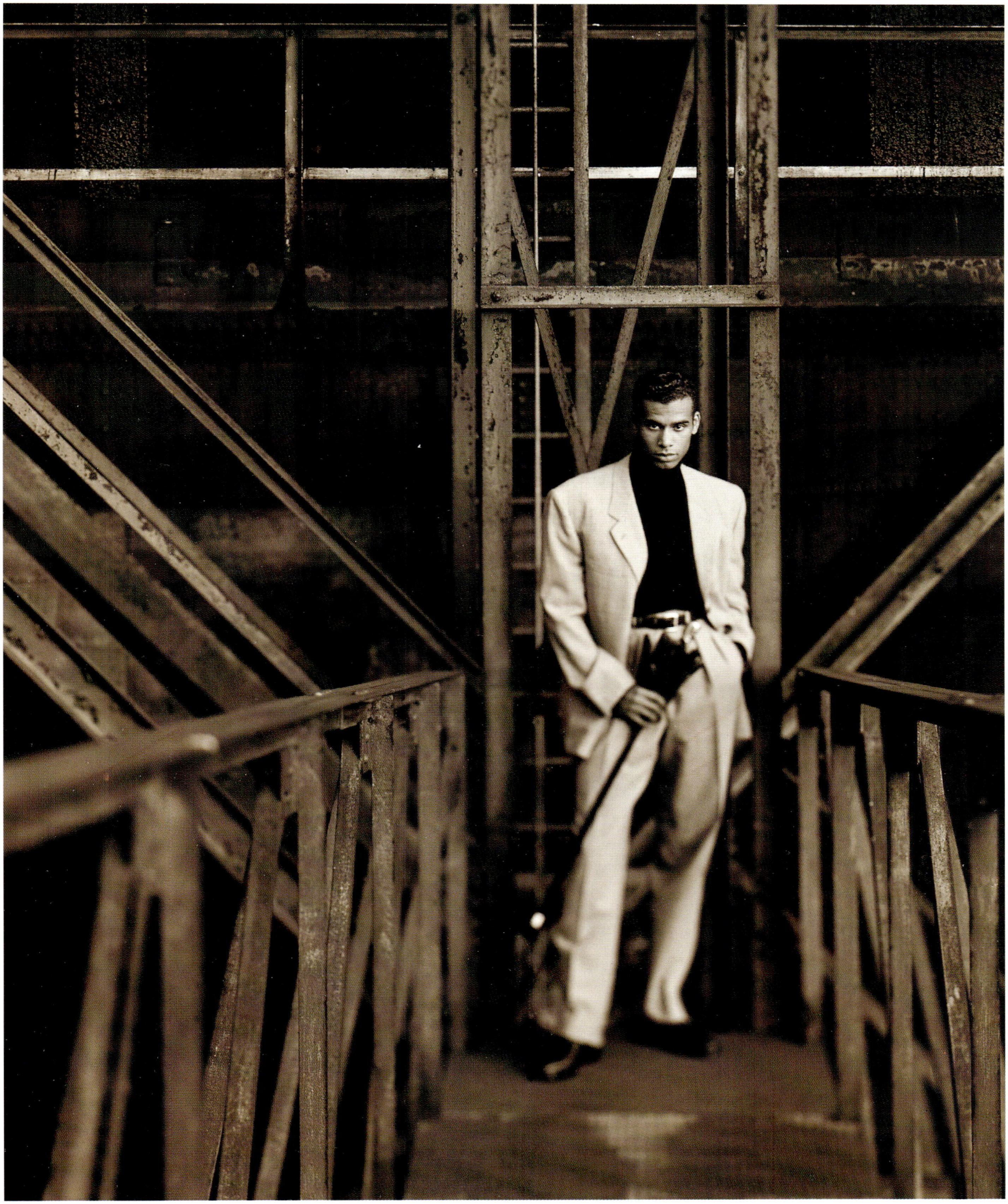

Thomas Heinser

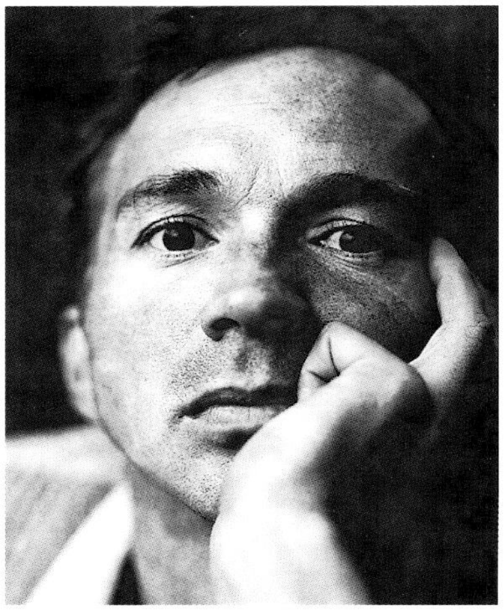

«Ich ziehe immer dann Grossformat vor, wenn ich die Szene perfekt gestalten will, bevor ich die Aufnahme mache. Wenn ich Porträts aufnehme, gewinne ich beim Gestalten der Aufnahme und beim Einstellen der Kamera Zeit, um die Person, die ich fotografieren will, besser kennenzulernen.»

Thomas Heinser ist nicht der einzige, der einst nach Kalifornien reiste und schliesslich in San Francisco hängenblieb. «Diese Stadt hat es mir einfach angetan» kommentiert er, «vielleicht weil sie anders und europäischer ist als andere amerikanische Grossstädte. Und dann haben sich mir beruflich tolle Möglichkeiten eröffnet. Werbeagenturen und Industriefirmen sind auf mich aufmerksam geworden und als ich schliesslich Madeleine kennenlernte, war der Gedanke einer Rückkehr nach Europa immer weiter weg...»

Thomas Heinser hat einerseits in seiner beruflichen Laufbahn Glück gehabt. Andererseits ist es auch sein berufliches Können, sein ausgeprägter Sinn für Perfektion und seine Liebe zum Detail, die ihn schnell in Amerika Fuss fassen liessen. «Bei Kundengesprächen war meine Herkunft oft ein grosses Plus: Deutsche Fotografen gelten hier als diszipliniert und gut organisiert, und mancher Kunde versprach sich durch die Auftragsvergabe an mich andersartige, unamerikanische Bilder.» Die Werbefotografie ist heute das wichtigste Standbein seiner Firma und gelegentliche Modeaufträge und AV-Produktionen runden seine fotografische Tätigkeit ab. Thomas Heinser arbeitet fast ausschliesslich mit der Sinar p in allen Formaten von 4 × 5″ bis 8 × 10″.

Vor einigen Jahren konnte er unter der Hand ein kleines Grundstück im Süden San Franciscos erwerben und darauf sein Traumhaus verwirklichen. Auf vier Stockwerken hat er eine ebenso ästhetische wie funktionelle Kombination zwischen Studio und Wohnhaus realisiert, die ihm einen langen Arbeitsweg mit Verkehrsstau erspart und dennoch eine wohnliche Privatsphäre bietet. «Sowas wäre in Europa kaum erschwinglich gewesen. Manchmal ist Amerika eben doch 'das Land der unbegrenzten Möglichkeiten'. Aber etwas Glück gehört schon dazu ...»

Die hier gezeigten Porträts sind als freie Arbeiten entstanden. «Gerade hier in Amerika sind solche Aufnahmen zu freien Themen bei den Kunden gern gesehen» erklärt Thomas Heinser. «Abgesehen davon kann ich dabei meine eigenen Ideen realisieren und die Fotografie neben dem Alltagsgeschäft so ausleben, wie ich will. Die Menschen, die ich hier porträtiert habe, sind Freunde und Bekannte von mir, Menschen, die ich mag und deren Wesen mich faszinieren. Ich habe die Bilder mit der Sinar p auf 8 × 10″-Polaroid-Material aufgenommen, weil ich das Ergebnis sofort sah und meinen Freunden damit gleich eine Freude bereiten konnte. Einige der Bilder habe ich als Poster mit einem Werbeaufdruck drucken lassen und guten Kunden verschenkt – eine einfache Reklame, die wenig kostet und sehr wirksam war. Die Bilder sind gefällig, neutral, und bei vielen Kunden finde ich die Porträts als bleibenden Wandschmuck wieder.»

Die Porträts von Thomas Heinser wirken unkompliziert und natürlich – so wie sie entstanden sind. Wichtig für ihn ist der Bildaufbau, den er auf der grossformatigen Einstellscheibe seiner Sinar in der endgültigen Grösse von 8 × 10″ genau bestimmen kann. Auffallend dabei ist der starke Miteinbezug der Bilddiagonale, die Thomas Heinser als Gestaltungselement geschickt ausnützt.

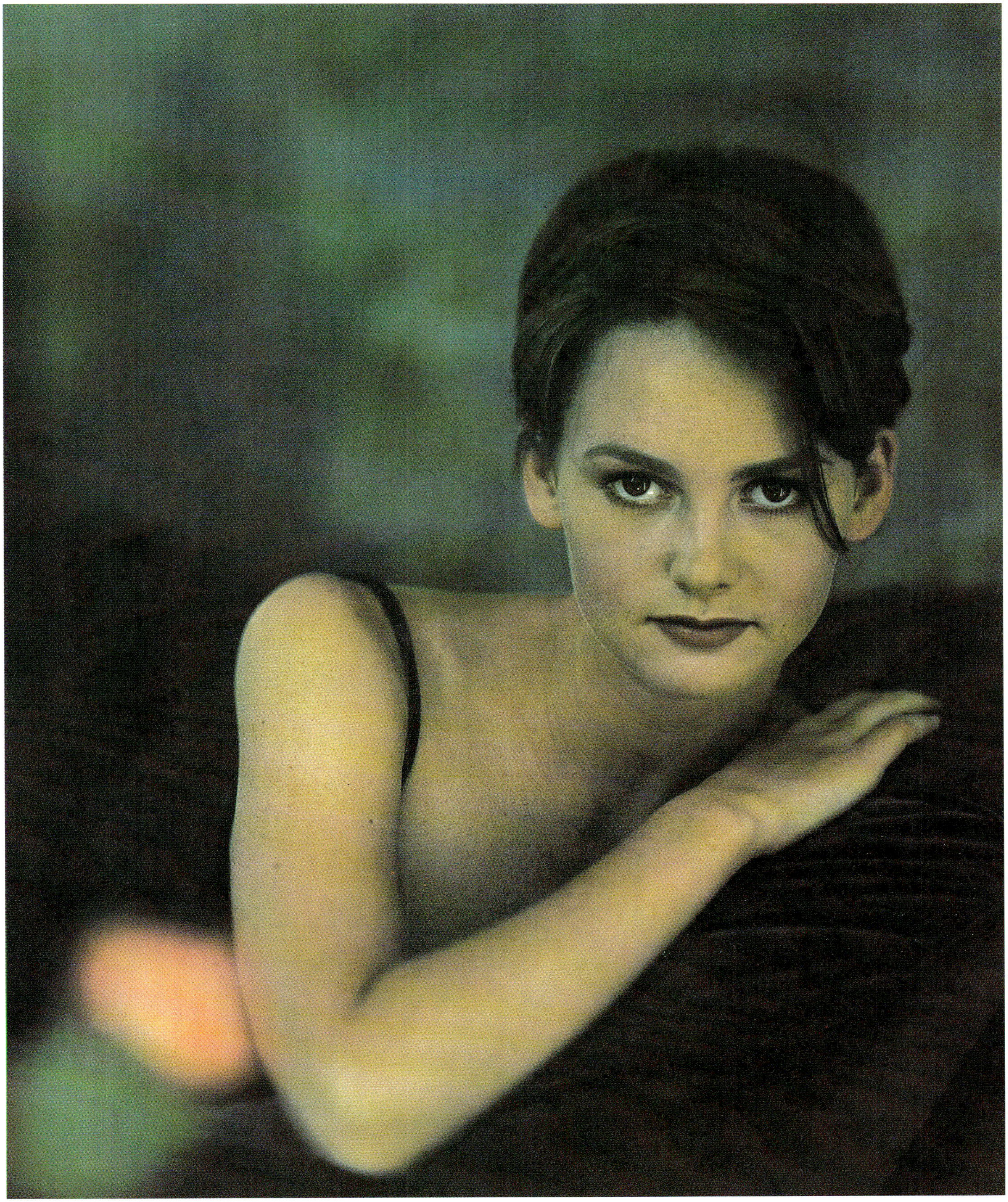

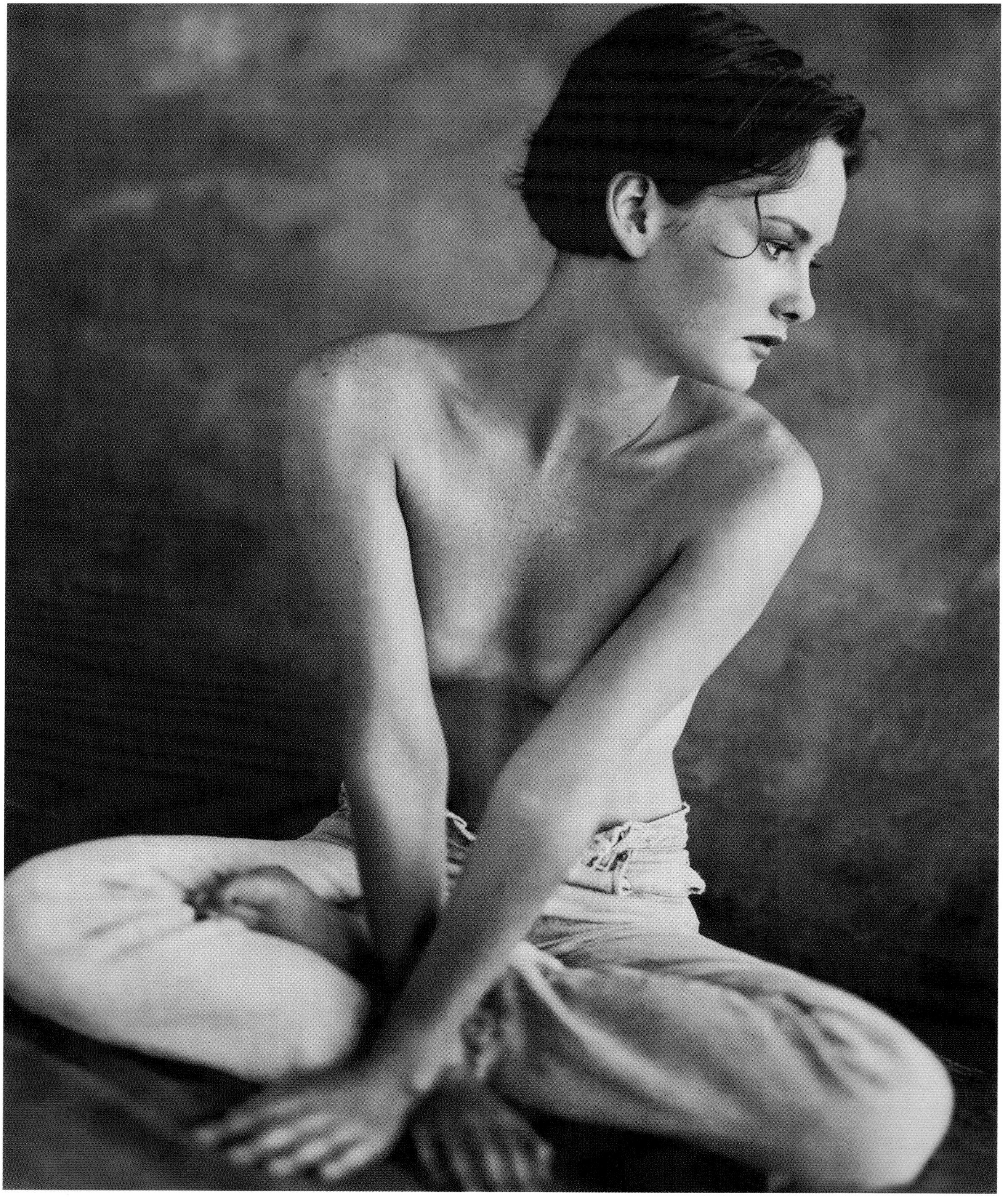

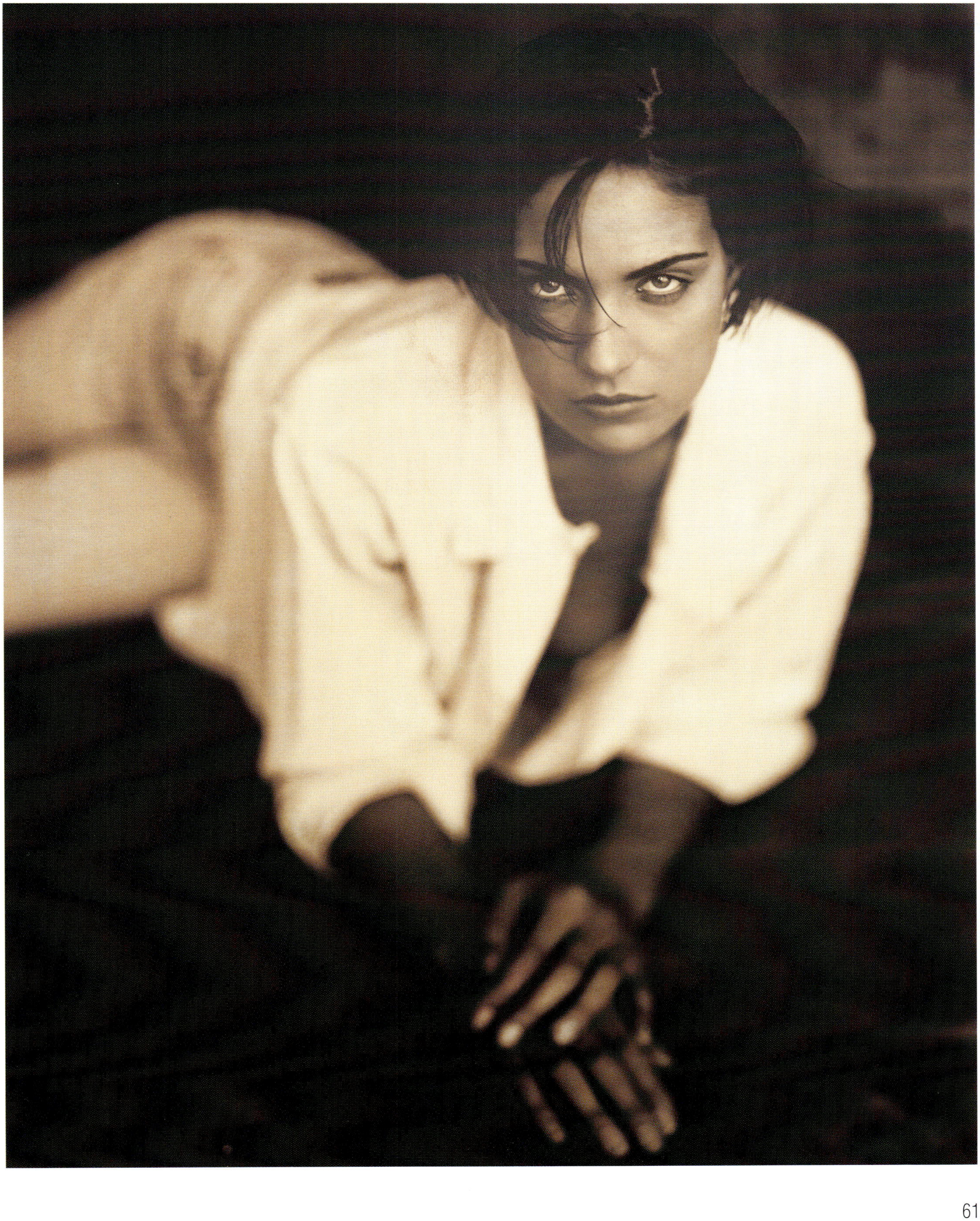

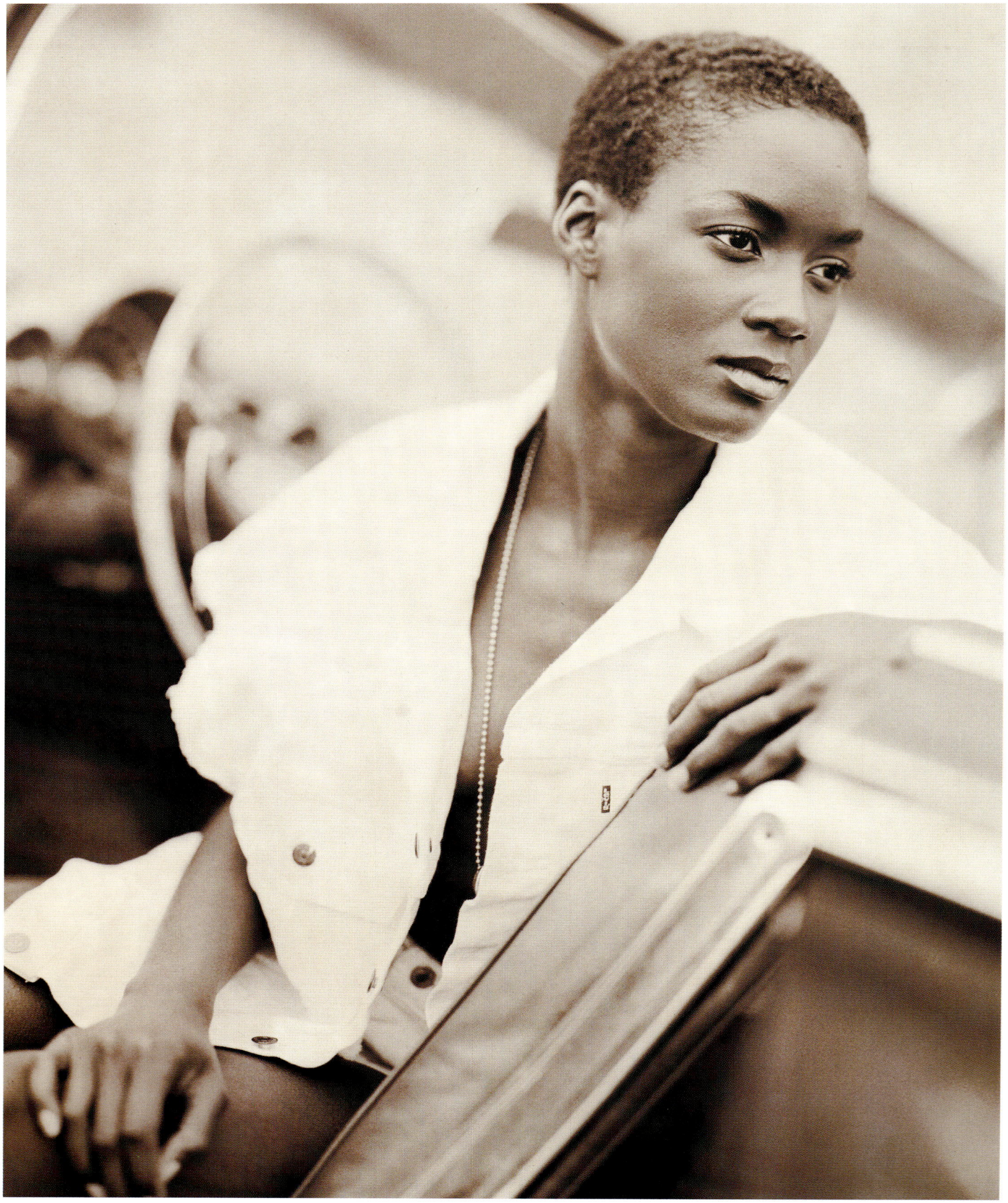

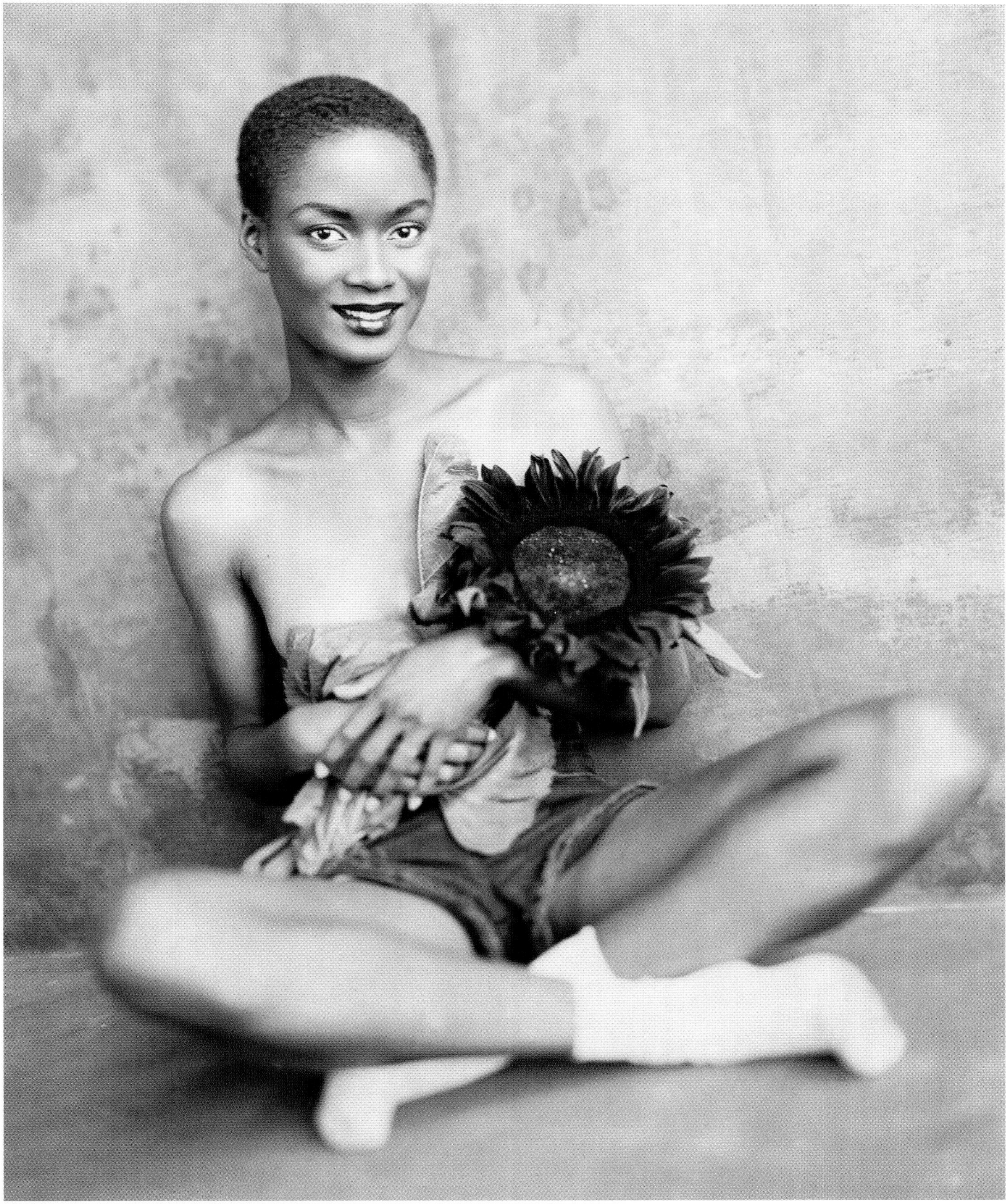

Jaschi Klein

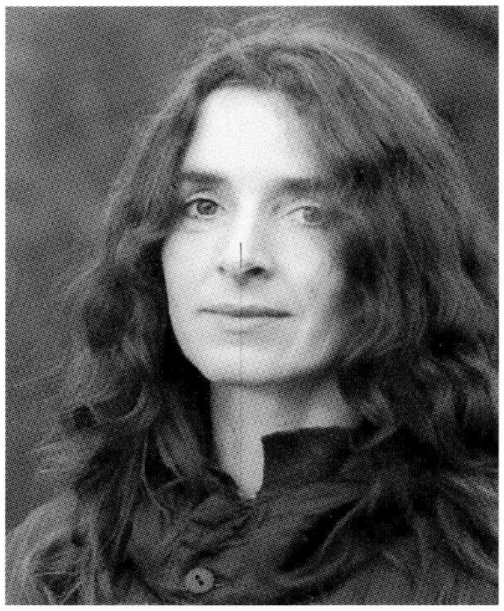

«Meine Beziehung zur Fotografie hat sich in letzter Zeit gewandelt. Ich sehe mich heute in erster Linie als Aktionskünstlerin. Ich befasse mich mit verschiedenen Materialien, plane und gestalte Objekte, die ich danach fotografiere. Fotografie wird dabei zur Dokumentation eines Zustandes oder einer Kreation.»

Dass sich Jaschi Klein das Thema «Menschen und Tiere» gestellt hat, geht nicht etwa auf ihre fundierte Tierliebe zurück. «Ich mag zwar Tiere» sagt sie, «aber ich habe ganz einfach zuwenig Platz und Zeit für sie». Der Leitgedanke bei diesem Projekt – das sie in den Jahren 1990 und 1991 realisiert hatte – war, die Beziehung zwischen Menschen und Tieren bildlich darzustellen. Ort des Geschehens war das ostfriesische Dorf Detern, wo die rund 2000 Einwohner noch heute von der Hamburger Fotografin sprechen und von den Happenings mit Hühnern, Ponies, Tauben, Schweinen – und allem, was sich sonst noch als Vierbeiner mit den Zweibeinern besonders gut versteht.

Jaschi Klein hat eine besondere Begabung dafür, Menschen für eine Idee zu begeistern und durch ihre Art zu erreichen, dass sie auch ungewöhnliche Rollen mitspielen. Das gelang ihr auch in Detern, als viele der Leute, die eigentlich gar nicht fotografiert werden wollten, schlussendlich eben doch vor der Kamera posierten.

Die Bilder von Jaschi Klein strahlen etwas Mystisches, Unerklärbares aus. Sie wollen die Rolle von Mensch und Tier aus einer neuen Perspektive zeigen. Jaschi Klein will sagen, dass Tiere mehr sind als Industrieprodukte, Fleischlieferanten und Freizeitartikel. Sie will Tiere und Menschen in einer Partnerschaft und Freundschaft zeigen und sie will in ihren Bildern zum Ausdruck bringen, dass Tiere in ihrem Wesen und mit ihrer Schönheit für den Menschen eine partnerschaftliche Lebensbereicherung sind. «Insbesondere die Beziehung von Kindern zu den Tieren hat mich fasziniert» erinnert sie sich. «Kinder lieben Tiere. Wenn ein Kind einem Tier etwas antut, dann immer nur aus Unwissenheit oder Unachtsamkeit, aber nur selten wissentlich, wie dies bei Erwachsenen der Fall ist. Diese Tatsache möchte ich mit meinen Bildern aufdecken.»

Der Aufwand für die Serie war beträchtlich, vor allem, weil Jaschi Klein während vier Tagen mit der grössten Kamera der Welt im Format 50 × 60 cm auf Polaroid-Material im Freien gearbeitet hatte. Zur Aufhellung der gestellten Motive benutzte sie ein seitliches Blitzlicht. Das Licht der Dämmerung hat zudem eine eigenartige Stimmung ergeben, eine faszinierende Stimmung, die den Betrachter zum Verweilen einlädt, die wichtige Botschaft der Fotografin aufzunehmen.

Die Serie «Menschen und Tiere» – oder «Arche Noah», wie Jaschi Klein sie nennt, weil sie, wie die biblische Arche, die Tierwelt erhalten will – hat bereits weltweit Beachtung gefunden, vor allem durch eine Veröffentlichung im «Stern». Jaschi Klein hat es damit verstanden, ein Anliegen auszudrücken, das in magischen, schönen Bildern dargestellt wird und doch mit unmissverständlich klarer Aussage anklagt und zum Nachdenken anregt. Mehr noch: Der Bildbetrachter beginnt sich mit den Personen im Bild zu identifizieren und überdenkt dabei seine persönliche Beziehung zu Tieren. Und damit hat Jaschi Klein vollends erreicht, was sie mit ihren Bildern wollte.

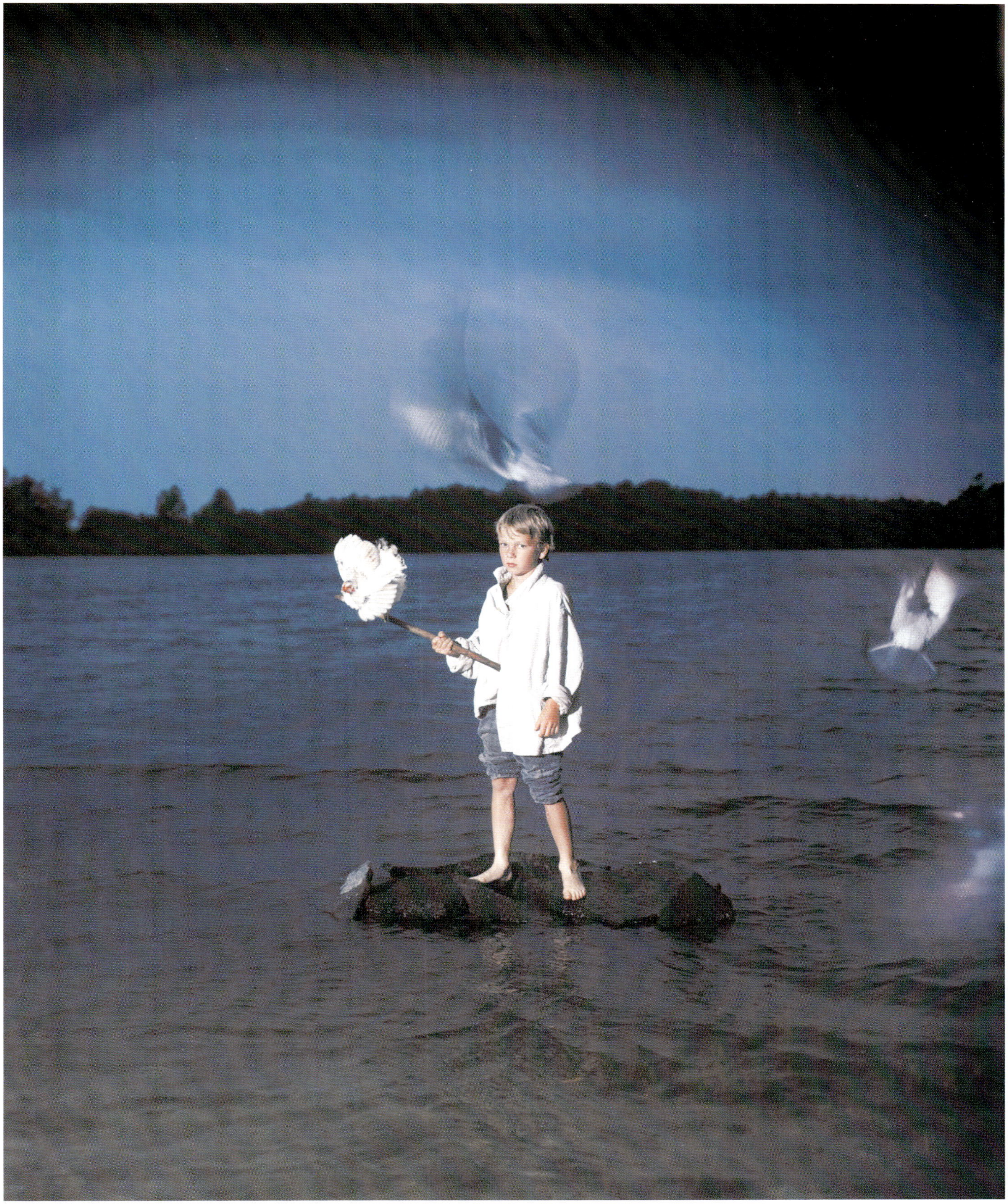

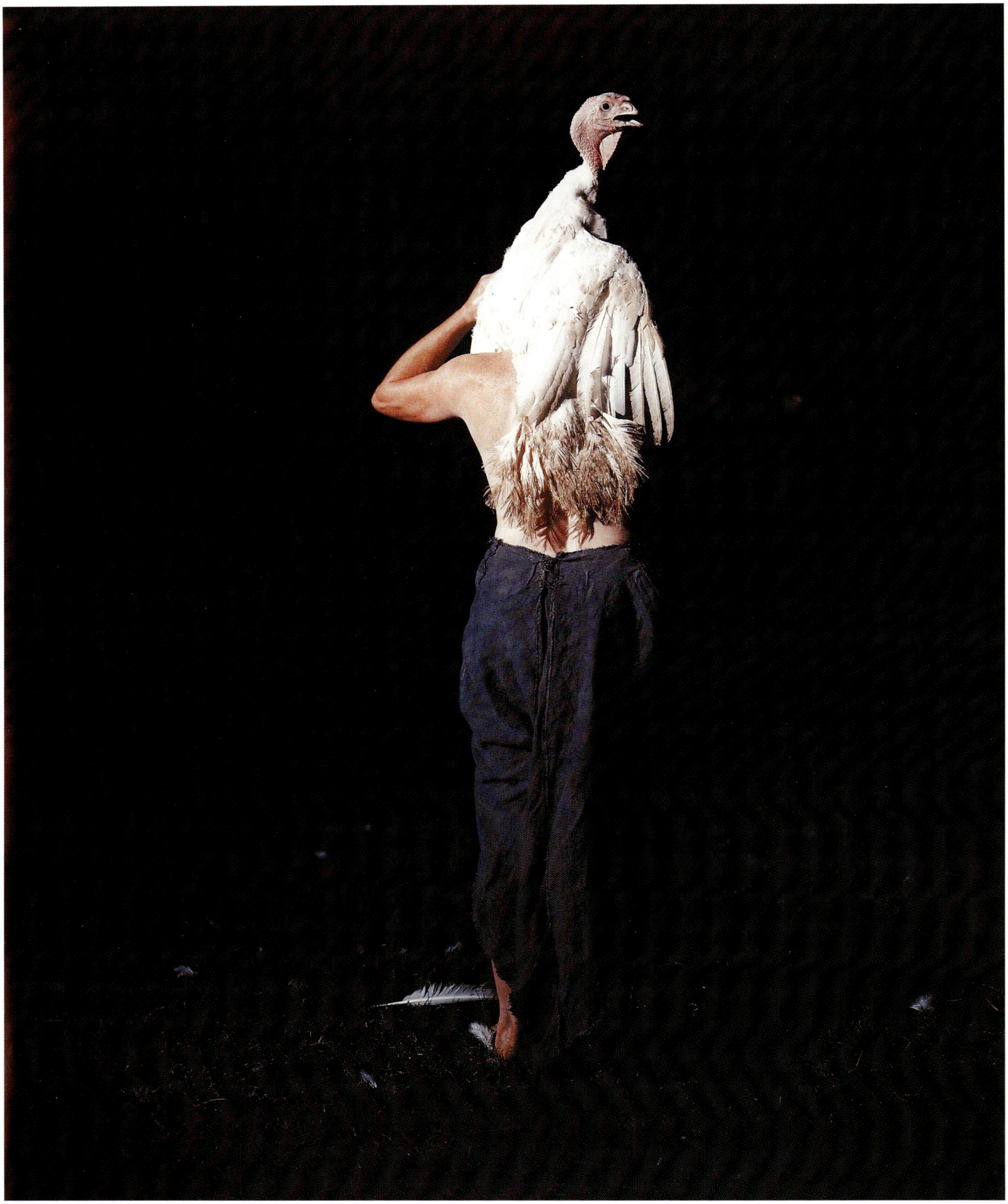

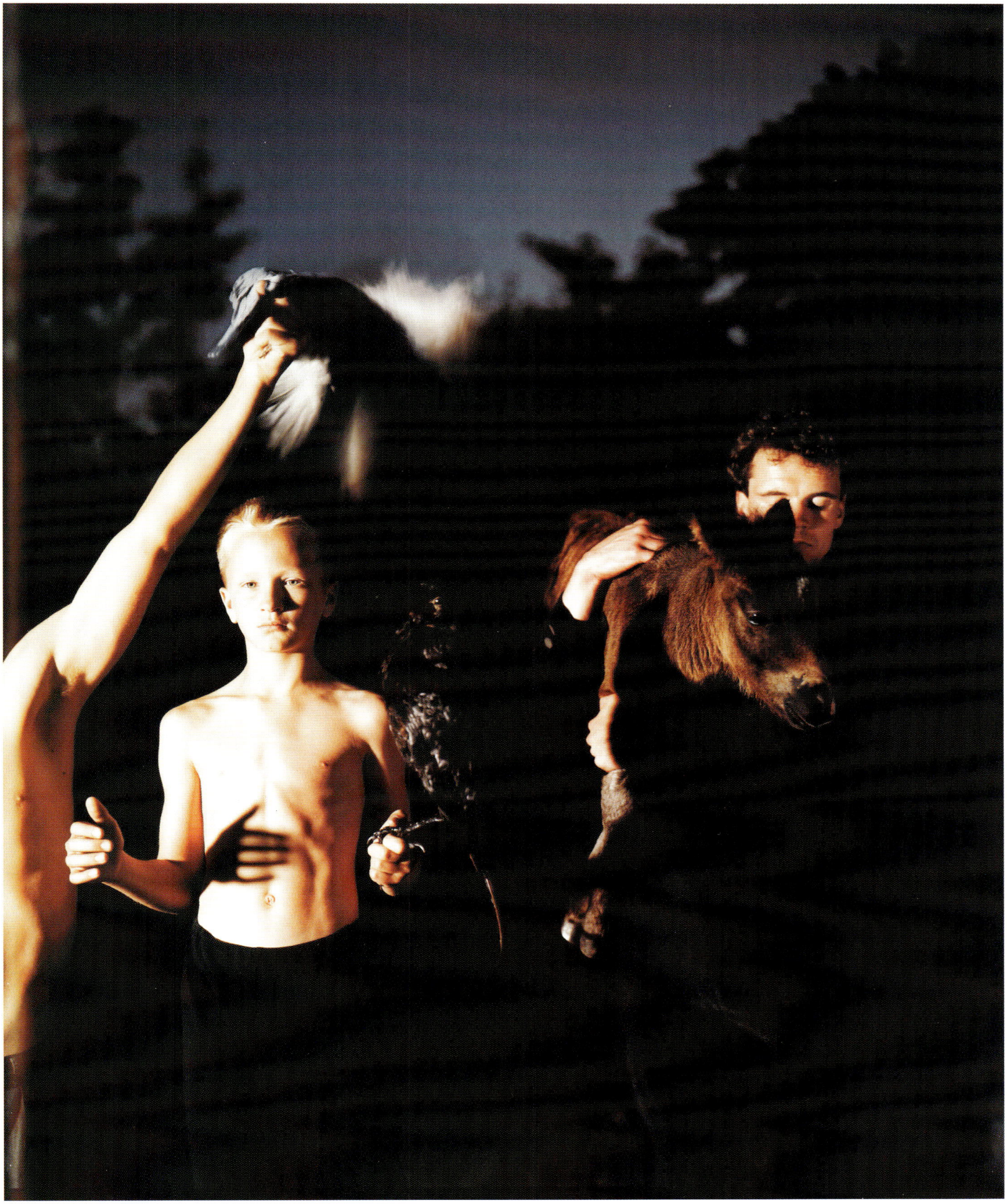

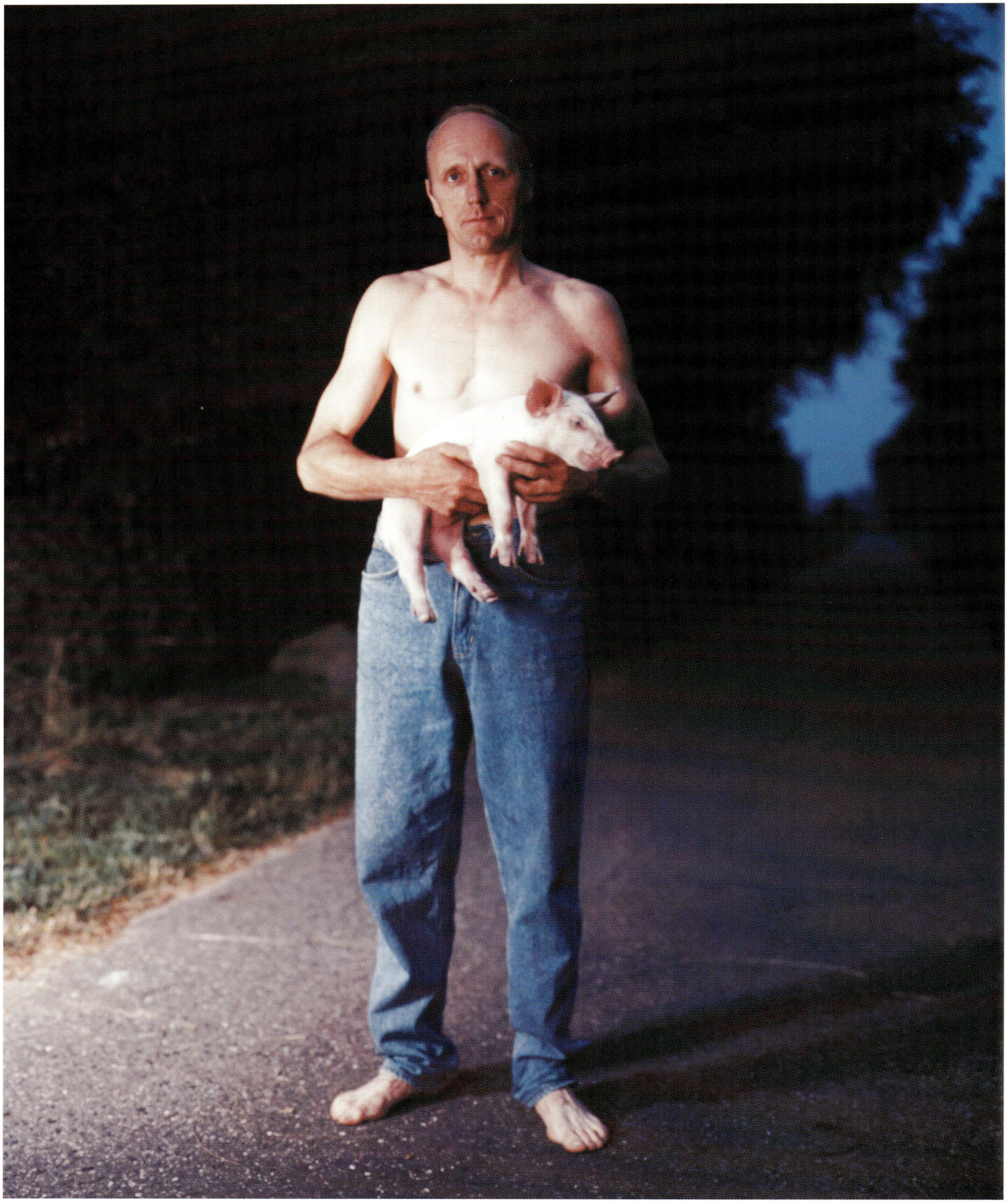

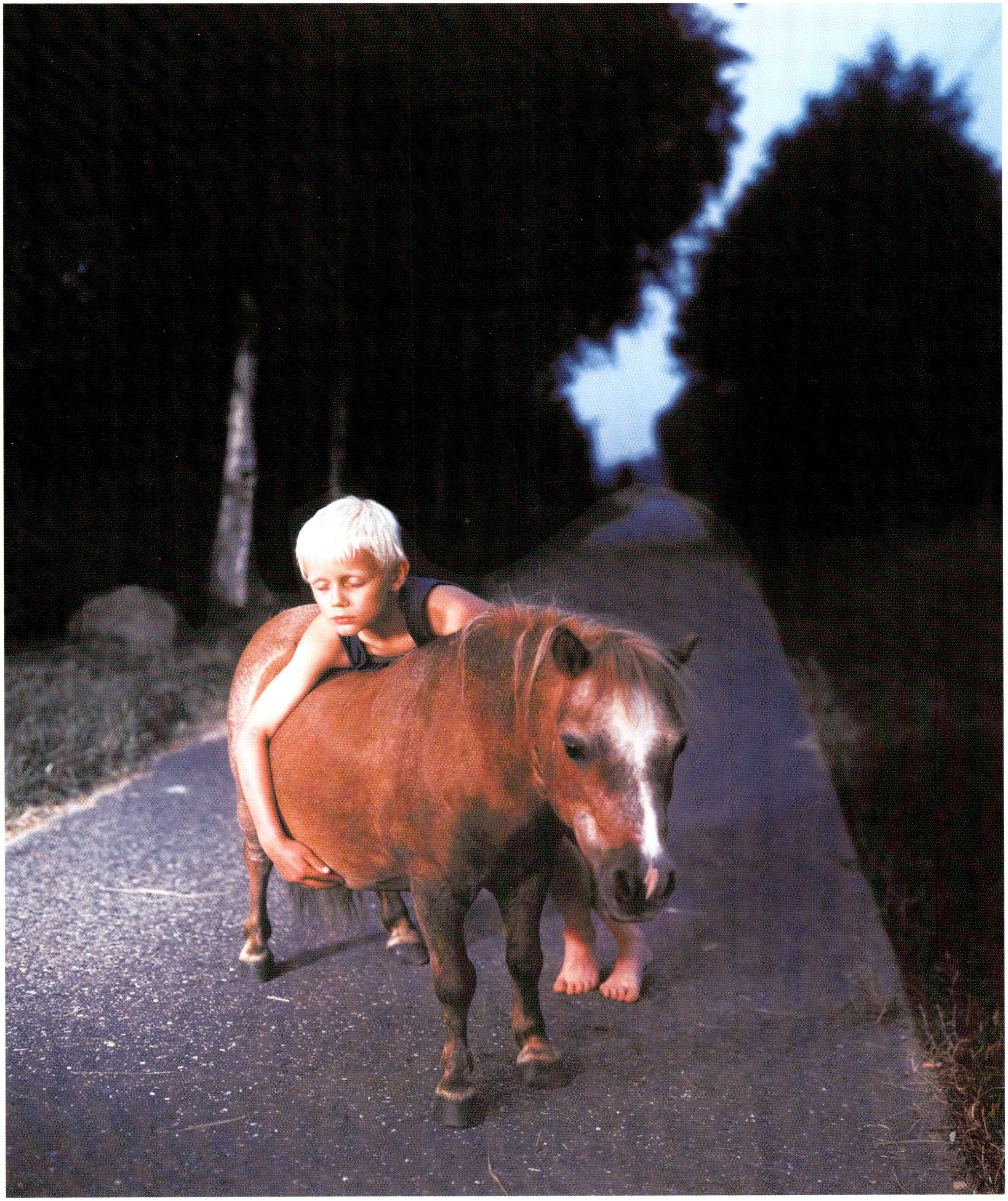

Dennis Savini

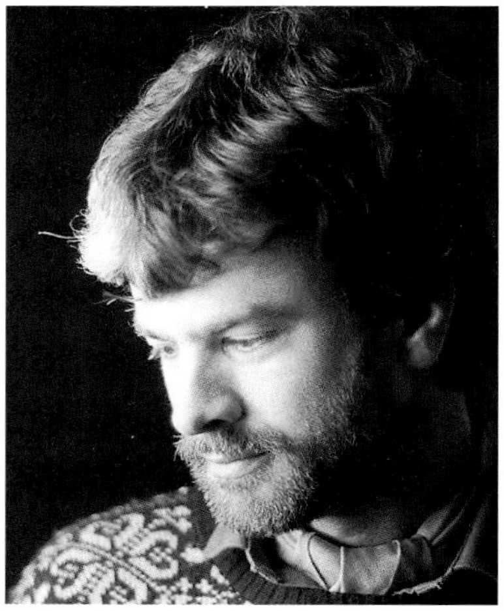

«Ich liebe das Grossformat, weil es zur Ruhe und Exaktheit führt. 8 × 10″ ist für mich auch innerhalb der Grossformatfotografie etwas spezielles. Damit zu arbeiten bedeutet das Bild in der endgültigen Grösse sehen, was ich als ein Privileg empfinde: Ich komme mir manchmal wie ein Maler vor.»

Dennis Savini ist nicht nur dafür bekannt, dass er in seine Werbe- und Sachaufnahmen eine eigene Note einbringt und dadurch seinen eigenen Stil verwirklicht. Er gehört auch zu jenen Unentwegten, die in ihrer Freizeit nach neuen Wegen suchen, neue Techniken erproben und sich immer wieder mit originellen Ideen in Kreativität üben.

Pola-Transfer ist dazu ein gutes Beispiel. Diese Technik, bei der man ein unentwickeltes Polaroidbild von seinem Negativ trennt und dieses mit einem zuvor befeuchteten Übertragungspapier in Kontakt bringt, bietet dem Fotografen einen breiten Kreativraum. Einerseits ist es möglich, sich durch eine individuelle Arbeitstechnik, Wahl eines beliebigen Übertragungspapiers und manuelle Beeinflussungen Resultate zu erarbeiten, die einen abstrakten, vom Fotografen teilweise steuerbaren und fast gemäldeähnlichen Eindruck vermitteln. Andererseits sind Polatransfers absolute Unikate, nicht nur, weil von jedem Negativ nur eine Bildübertragung verwirklicht werden kann, sondern auch, weil beim Bildtransfer die Schichten an gewissen Stellen völlig unkontrollierbar abreissen. Dadurch wird jedes Bild anders, auch wenn bei der Aufnahme, der Entwicklung und bei der Bildübertragung völlig identisch vorgegangen wird.

Dennis Savini hat diese Aktserie mit einer Sinar p2 aus Interesse am Thema und zu seiner persönlichen Erfahrungsbereicherung und in seiner Freizeit realisiert. «Sowohl für mich als auch für das Modell war die Arbeit eine Herausforderung» erinnert sich Dennis. «Aktaufnahmen verlangen vom Fotografen auch gegenüber dem Modell viel Feingefühl. Es darf nicht den Eindruck haben, dass es – in zweifachem Sinne – auf den Bildern entblösst wird.»

Die Polatransfer-Technik ist ein hervorragendes Mittel, um solche natürlichen Hemmungen abzubauen: «Nach jeder Aufnahme habe ich sofort mit der Bildübertragung begonnen. Das Modell stand daneben und hat aufmerksam mitverfolgt, wie die Bilder entstanden sind. Sie war von den Ergebnissen begeistert und war so für die Zusammenarbeit stark motiviert. Das hat während den Aufnahmen nicht nur unsere zwischenmenschliche Beziehung verbessert, sondern auch unsere Kreativität ungeahnt gefördert. So konnten wir Stellungen und Ansichten erarbeiten, die nicht nur meiner Sicht entsprachen, sondern auch ihre, bzw. seine Ansichten gut integrierten.»

Die Bilder von Dennis Savini vermitteln dem Betrachter eine besondere Ausstrahlung, bei der das Sinnliche zurücktritt und in erster Linie die Ästhetik auffällt. In gekonnter Weise wirken die Akte dezent, natürlich und diskret. Das ist sicher zu einem Teil der gemäldeähnlichen Transfer-Technik zuzuschreiben, andererseits aber auch dem sauberen Stil von Dennis Savini, seinem Prinzip zur Perfektion und zur Ästhetik, das man in erster Linie von seinen Stillife-Arbeiten her kennt.

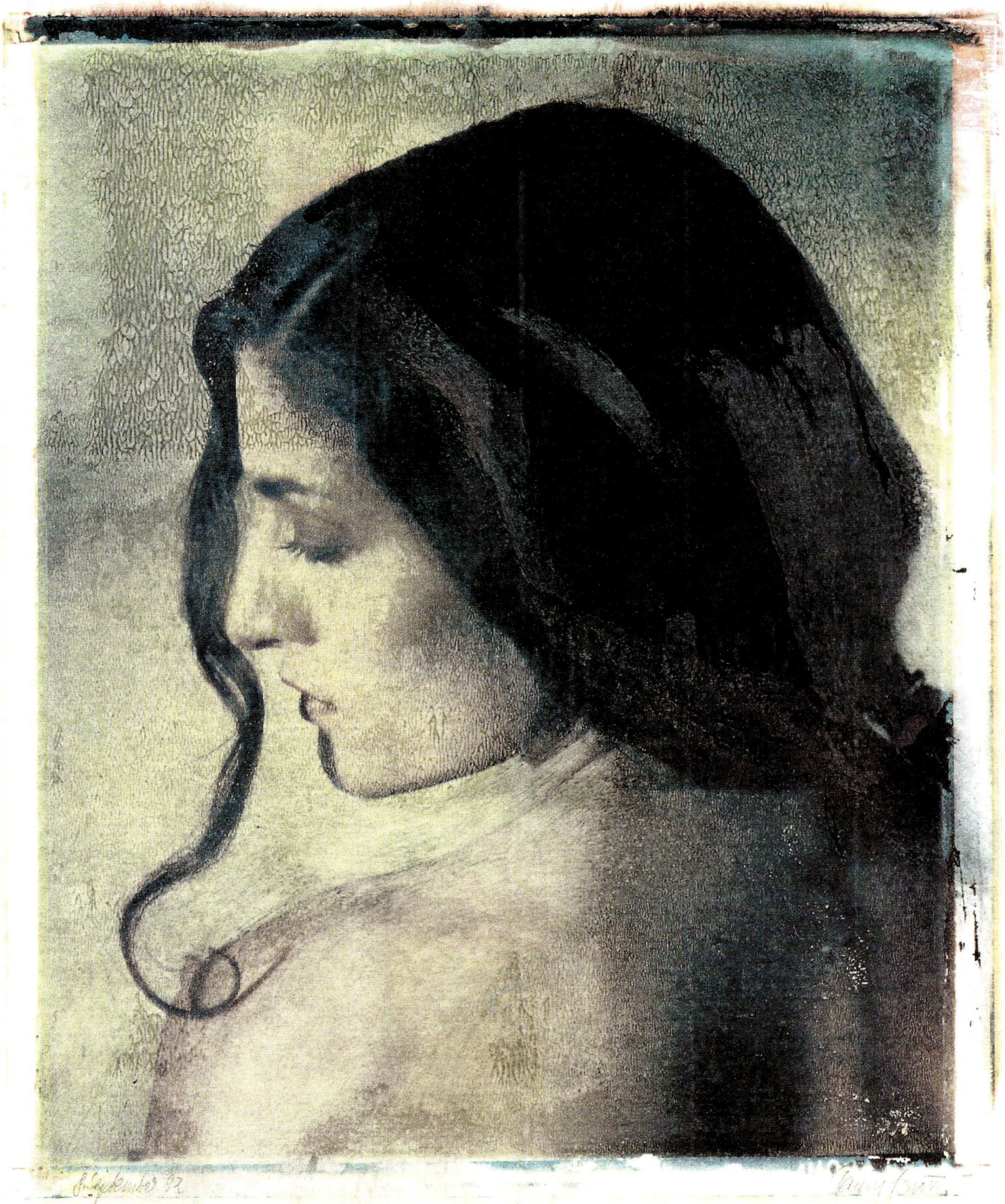

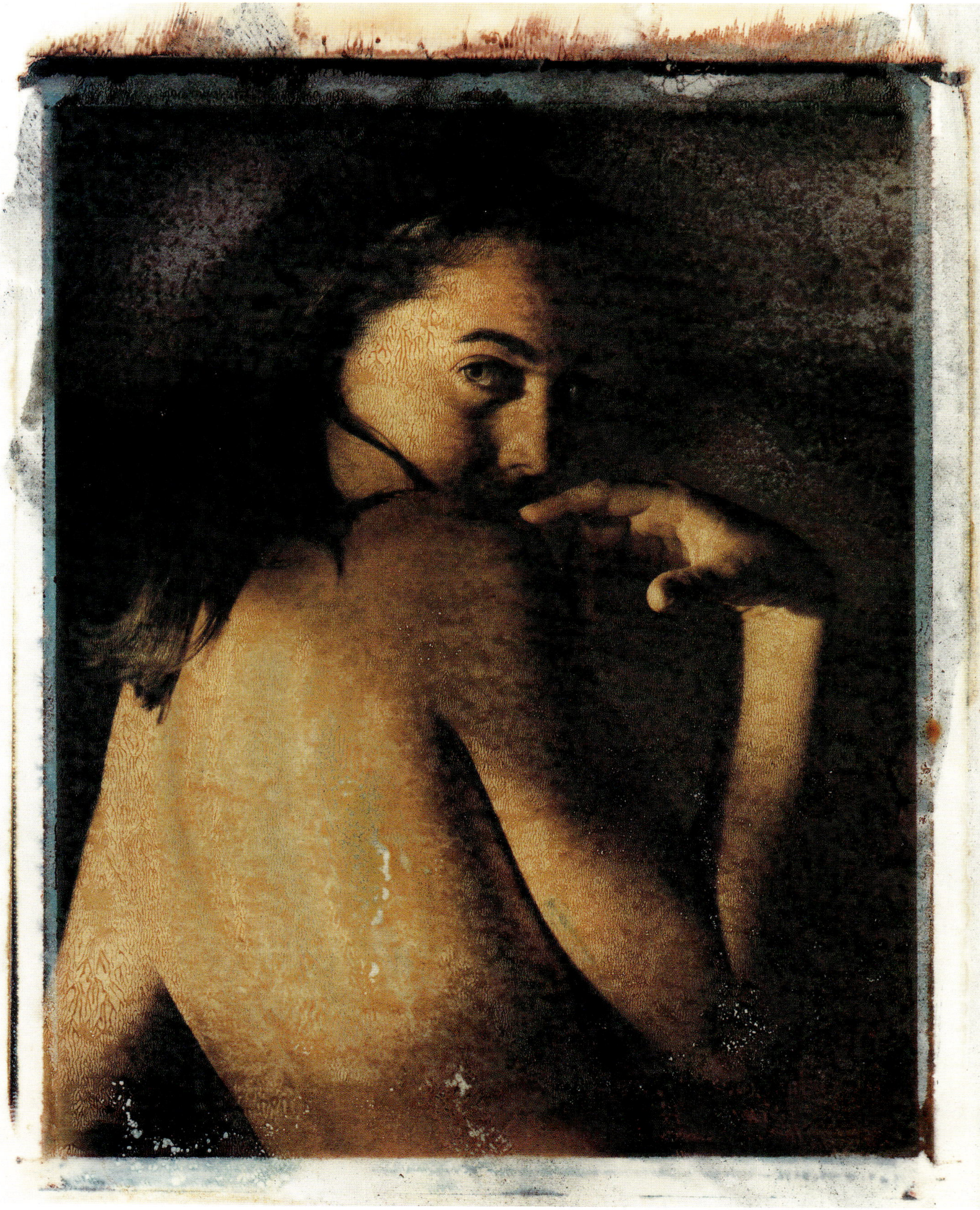

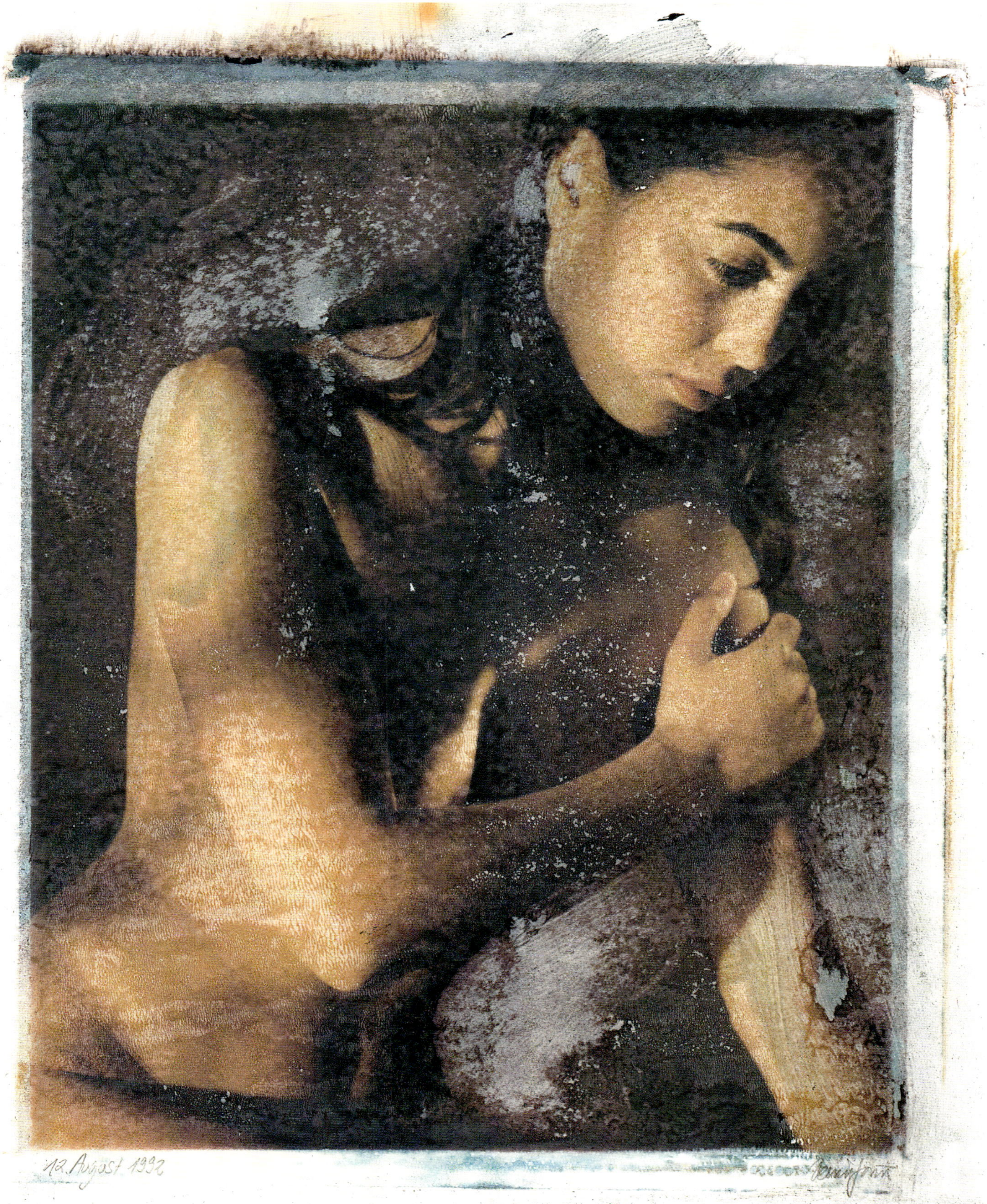
12. August 1992

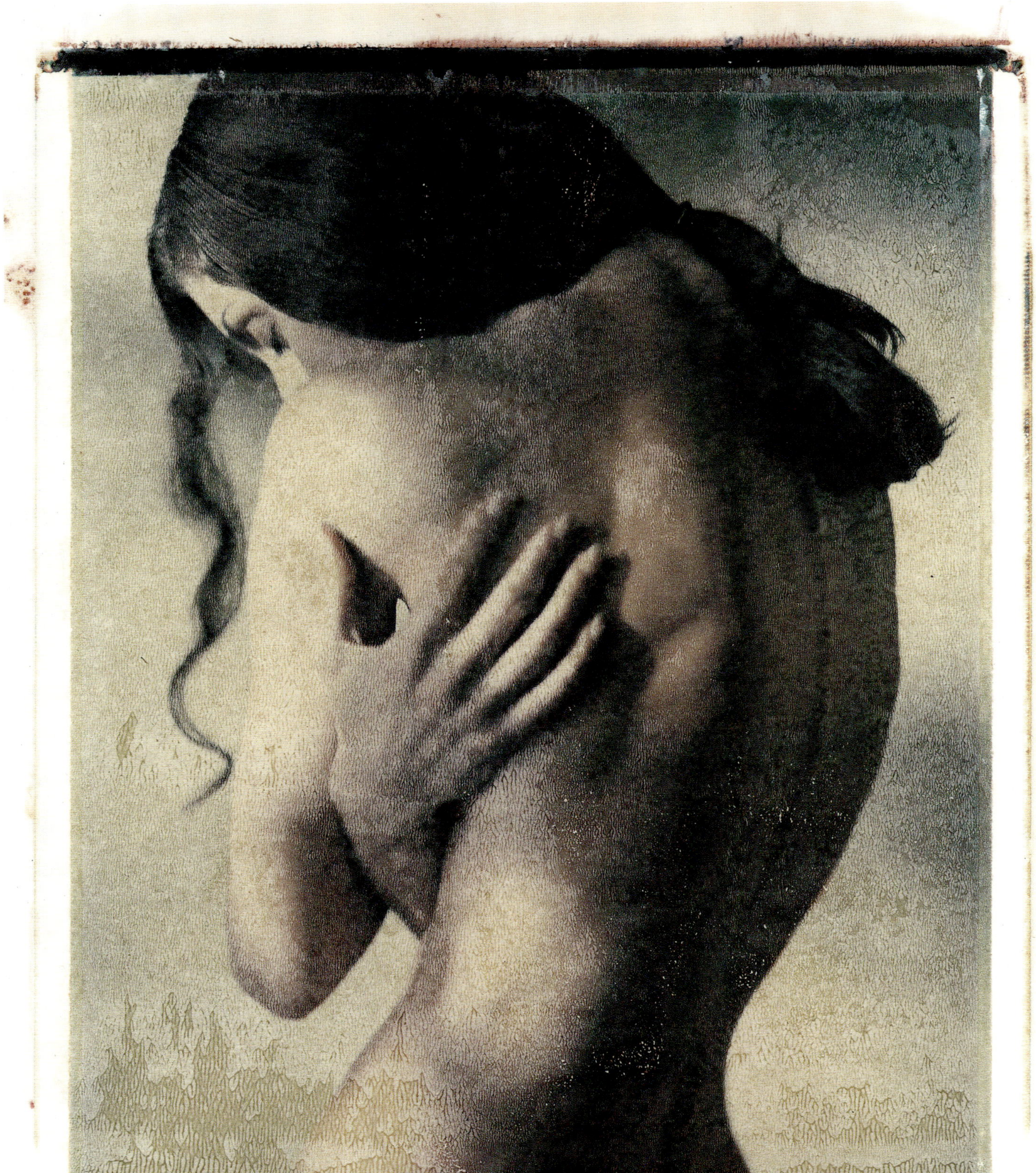
8. settembre 1992

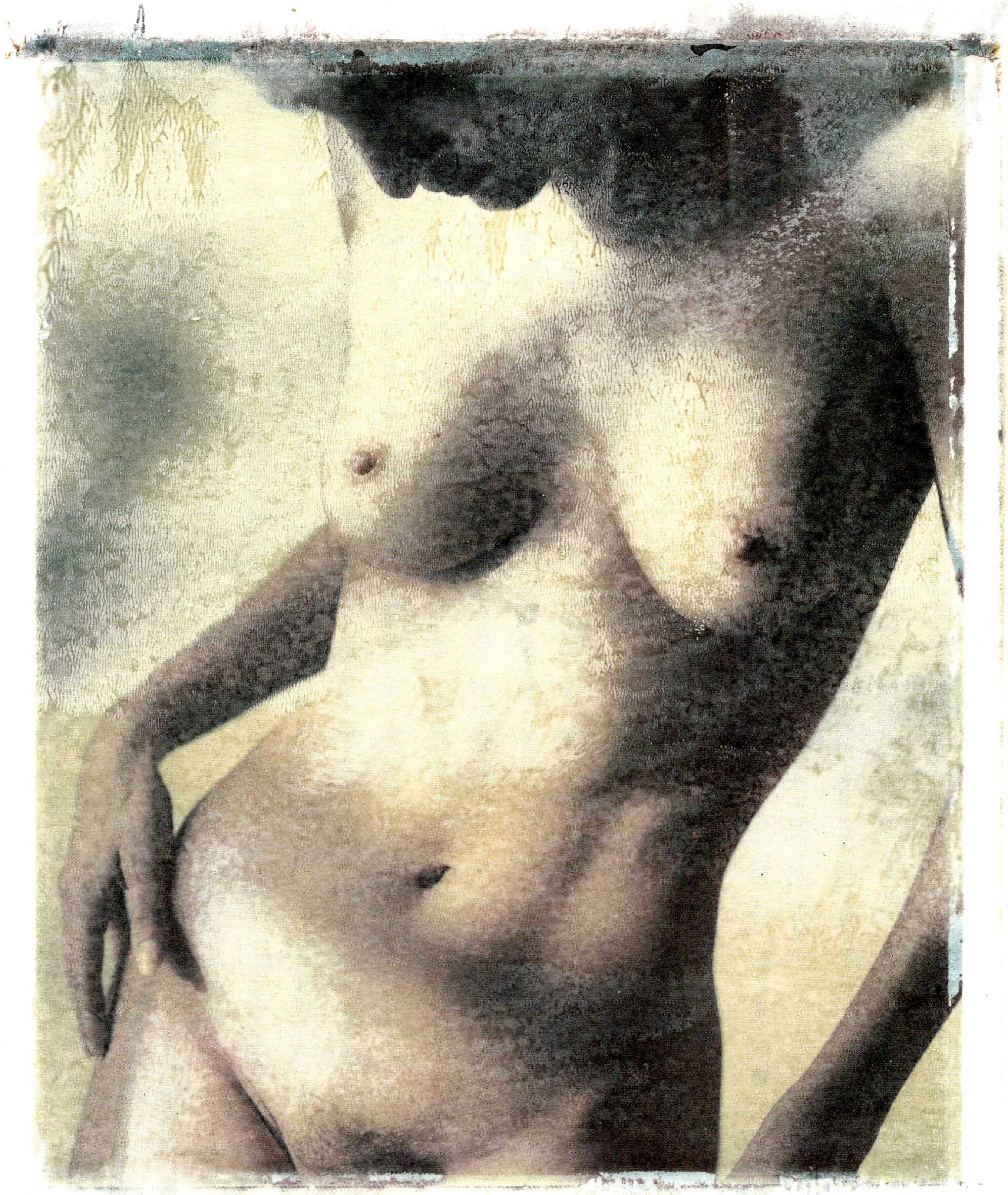

Piotr Jaxa

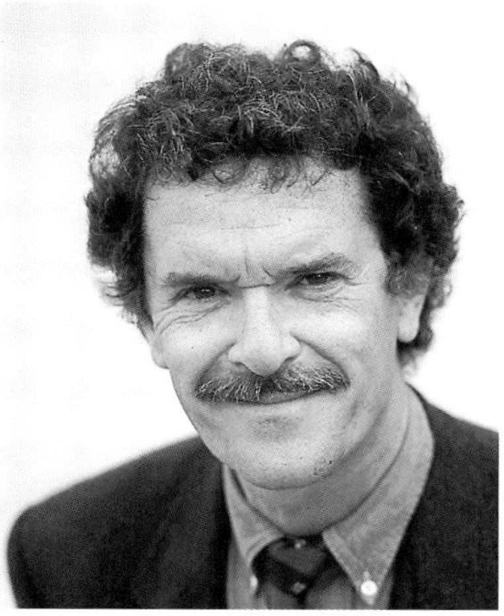

«Die Sinar hat mich zu einer völlig neuen Arbeitstechnik und zu einem grundlegend anderen Bildempfinden gebracht. Mit der Kleinbildkamera spiele ich mit der Chance – mit der Sinar spiele ich mit der Qualität.»

Als Kameramann befasst sich Piotr Jaxa vor allem mit dem bewegten Bild. Er wurde in Polen geboren und hatte dort nach seiner Ausbildung auch die ersten Filme zusammen mit Krzyszof Kieslowski gedreht. Danach arbeitete er für verschiedene Fernsehgesellschaften in Amerika, Japan und Deutschland. Seine Filme wurden an verschiedenen Festivals in Cannes, Mannheim, Vevey, Krakau und Los Angeles ausgezeichnet. Die Fotografie dient ihm für Standaufnahmen von interessanten Filmszenen, die er – bisher wenigstens – vor allem mit einer Kleinbildkamera festgehalten hat. Durch Publikationen in Life, Time, Newsweek und Le Temps ist Piotr Jaxa kein Unbekannter. Der Grossformatfotografie hat sich Piotr Jaxa erst zugewandt, als er das sehr anspruchsvolle Projekt zu realisieren begann, die wichtigsten Kameramänner der Filmwelt zu porträtieren.

«Der Auslöser dazu» erzählt Piotr Jaxa, «war das hundertjährige Jubiläum des Films. Zweifellos ein grossartiges Ereignis, bei dem Drehbuchautoren, Produzenten, Regisseure und natürlich die Filmschauspieler nicht genug geehrt werden konnten. Eine Berufsgruppe wird bei solchen Ehrungen immer übergangen: die Kameramänner. Man klassifiziert sie als Techniker, und ihre Namen stehen meistens weit hinten auf der Namensliste. Aber sie sind nicht nur Techniker, sondern sie sind Künstler. Genau wie Fotografen, zeigen sie die Szene aus dem besten Aufnahmewinkel und achten nach allen Regeln ihrer Kunst darauf, dass sie optimal aufgenommen sind. Und ihnen, den 'Fotografen des bewegten Bildes', möchte ich diese Arbeit widmen, die demnächst in Buchform herauskommen soll.

Die Sinar f2 hat mich zu einer völlig neuen Arbeitsweise gebracht: Wie beim Film wird jedes Detail der Szene peinlich genau vorbereitet und arrangiert. Erst wenn alles so ist, wie ich es haben will, wenn der Bildausschnitt, der Kontrastumfang und das Licht stimmen, löse ich aus. Ein Bild reicht; nur selten mache ich ein zweites. Dabei wende ich ähnliche Techniken an wie beim Film: Ich verwende die gleichen Lichtquellen und Filter und arbeite auf Farbnegativfilm.»

Die Bilder in unserem Portfolio charakterisieren Filmgrössen wie Henri Alekan (Frankreich, Mai 1995) «La belle et la bête», Oswald Morris, der unter anderem «Die Kanonen von Navarone» gedreht hatte, Manuel Sellner (Dänemark, Mai 1995), der mit seiner Grönland-Dokumentation und durch Fernsehserien bekannt wurde, Billy Williams (London), der Kameramann des Films «Gandhi» und der Schweizer Renato Berta (Paris im Juni 1995) mit seinem berühmtesten Film «Au revoir les enfants».

Piotr Jaxa bezeichnet seine Bilder als Porträts, obwohl sie nicht nur die Person zeigen. «Eigentlich sind es fotografische Interviews» erläutert er, «bei denen nicht nur die Person im Bild gezeigt werden soll, sondern ebenso ihre unmittelbare Umgebung. Wie in einem Film ist der Lebensraum einer Person für mich ein enorm wichtiges Element der Charakter- und Persönlichkeitsdarstellung.»

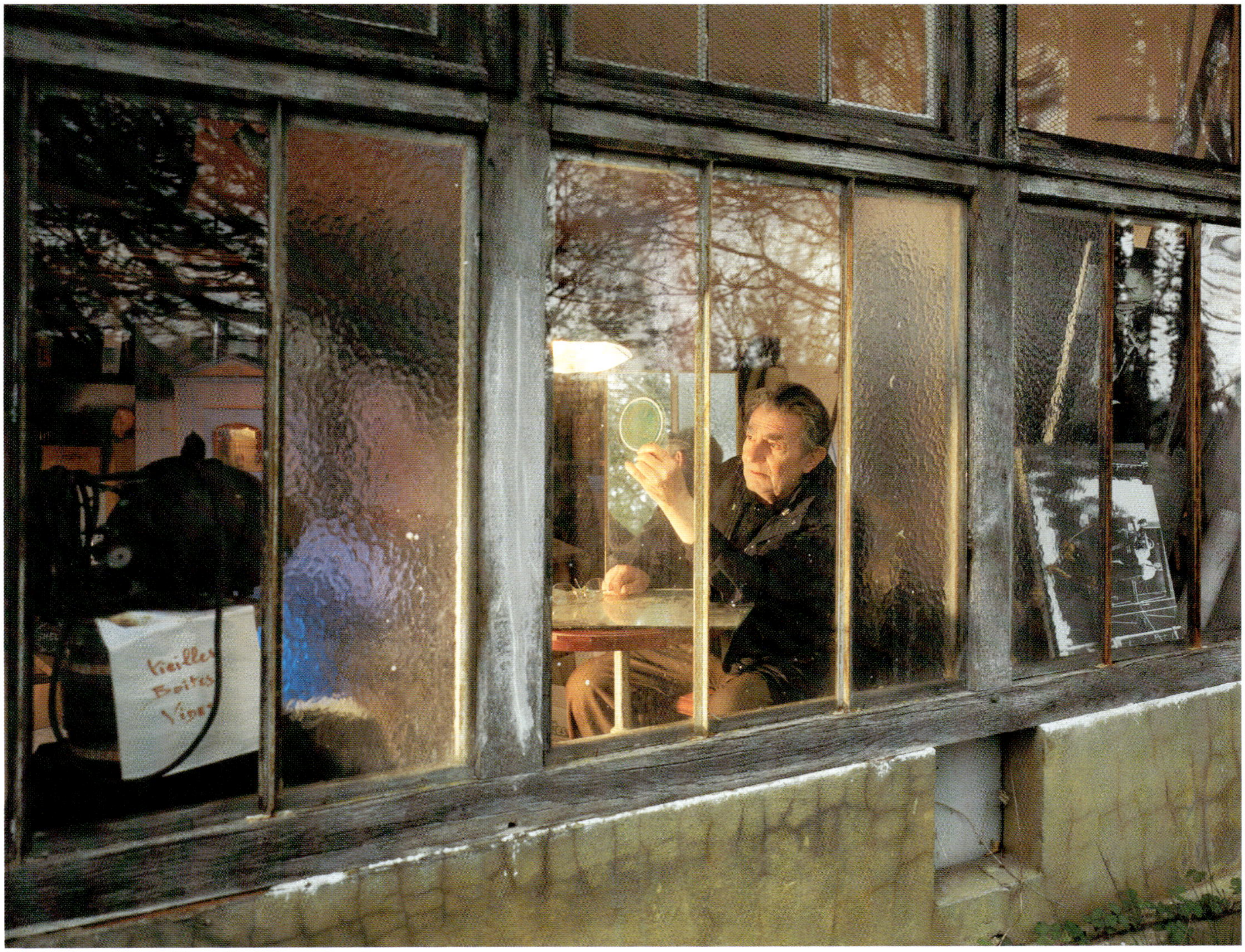

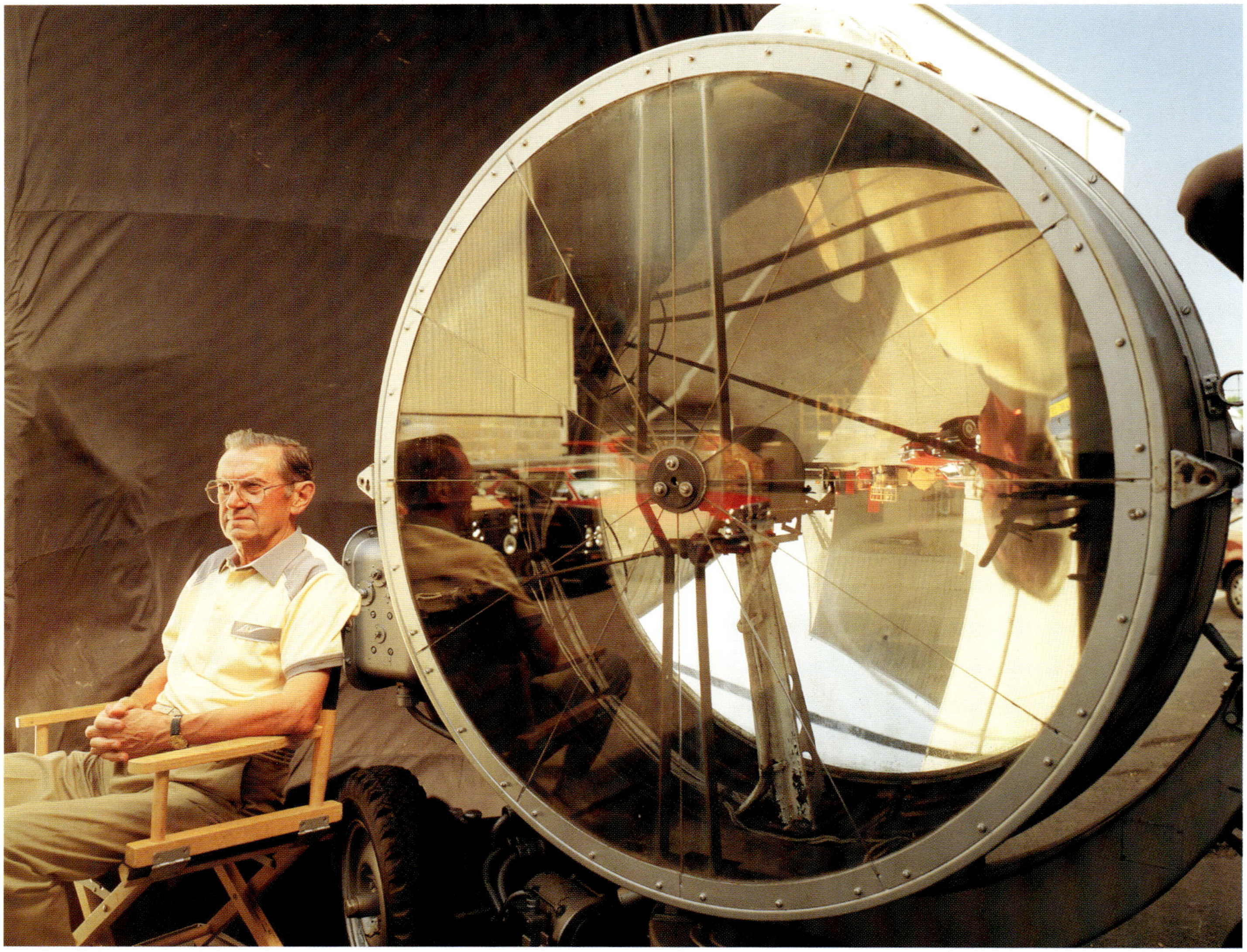

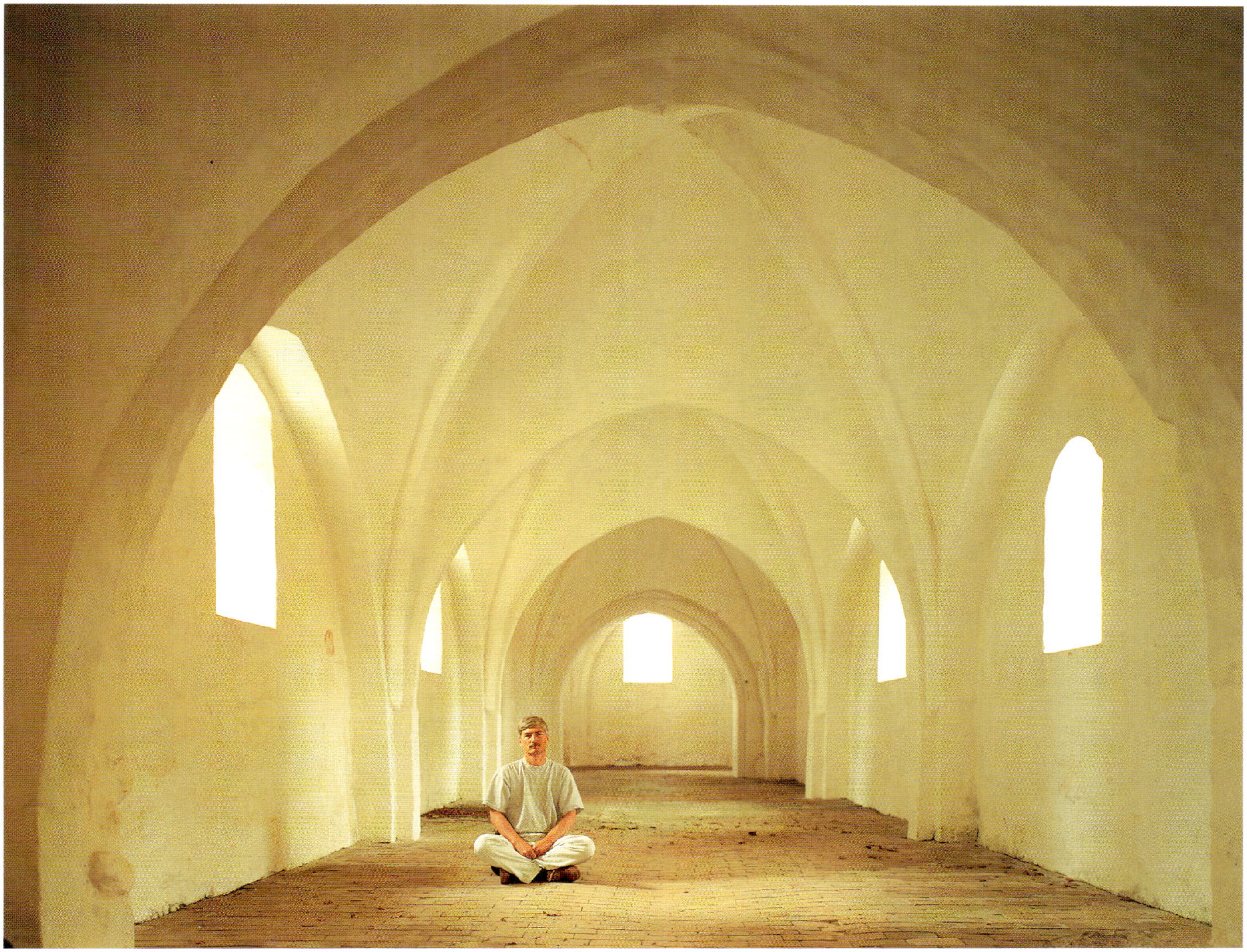

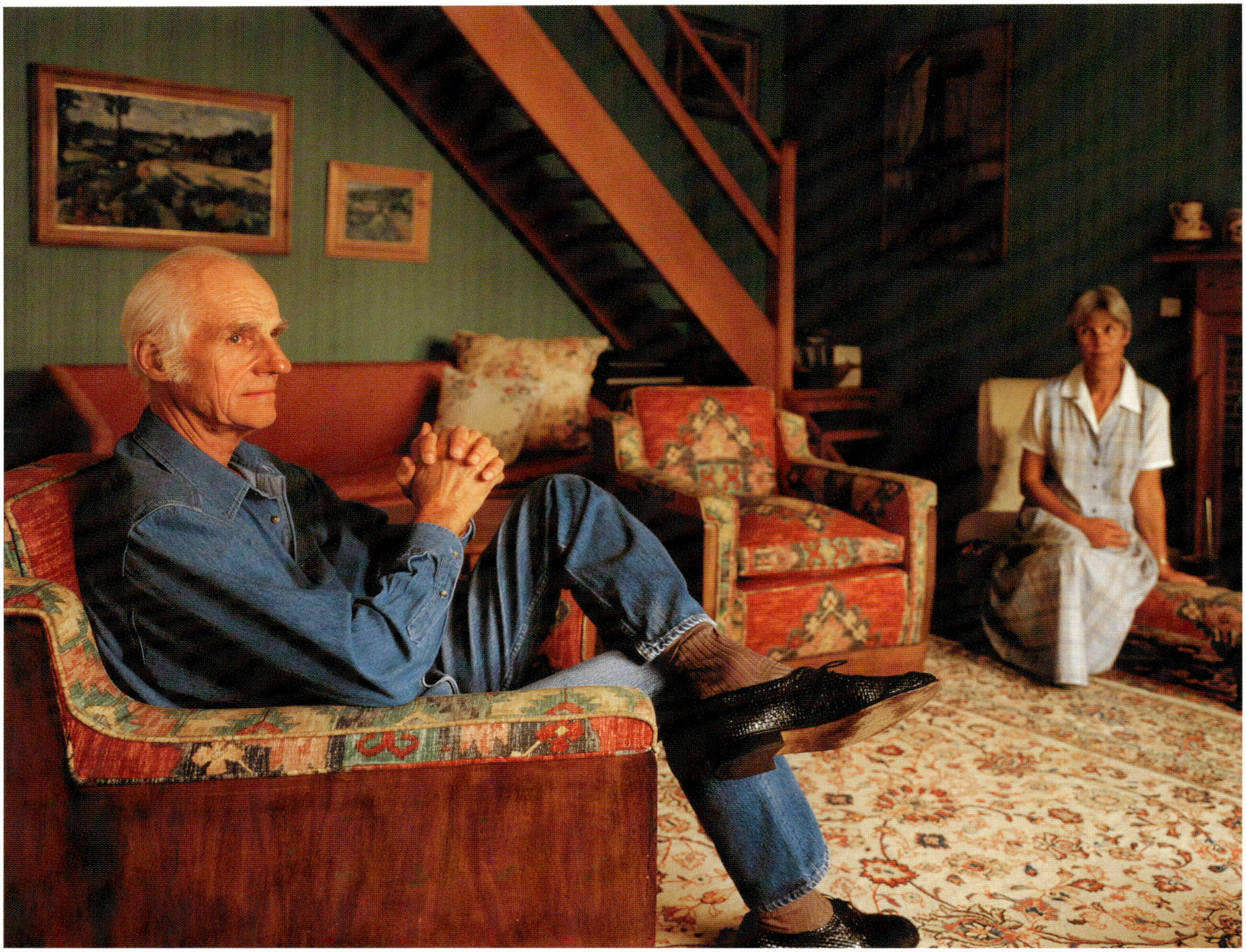

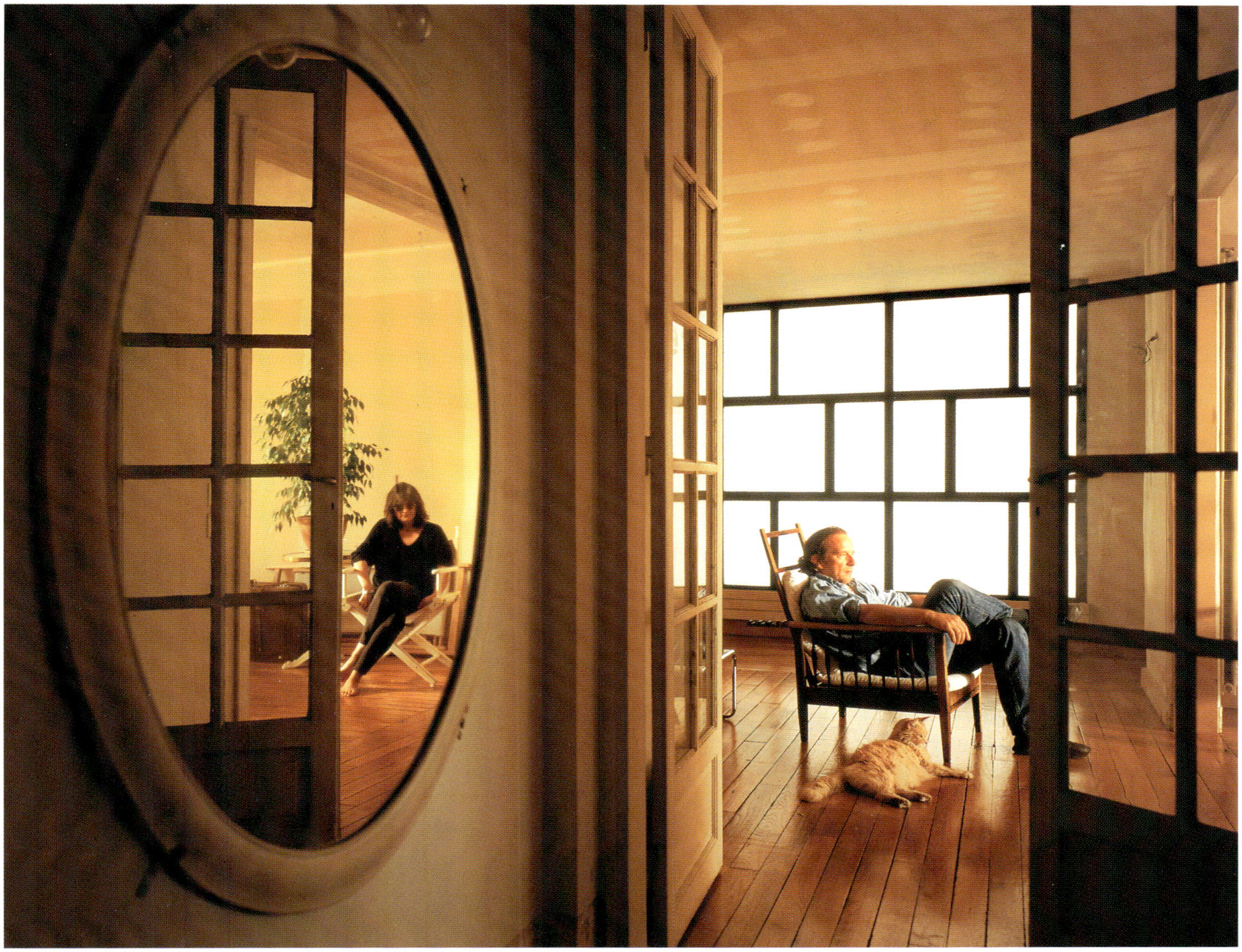

Ralf Schmerberg

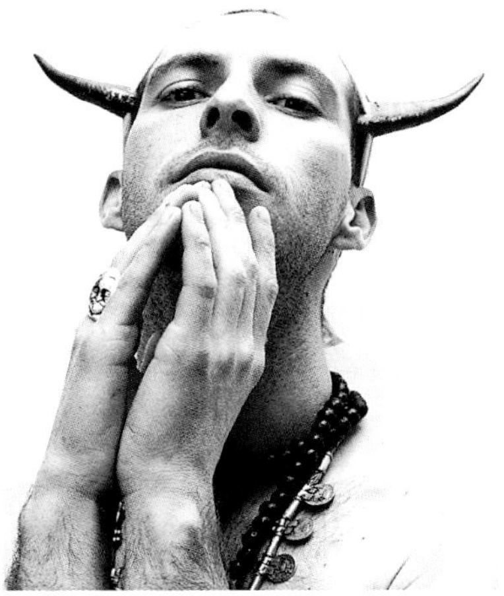

«Ich mag Grossformat, weil es einen zwingt, ein Bild schrittweise zu erarbeiten.»

Das Buch «Stuttgarter Ballett 1994», aus dem die Bilder des vorliegenden Portfolios ausgesucht wurden, strahlt eine faszinierende Eigenständigkeit aus, nicht nur von seiner Grafik und Farbgestaltung her, sondern vor allem durch die Bilder von Ralf Schmerberg.

Während man sich Ballettaufnahmen dynamisch und bewegt vorstellt, hat Ralf Schmerberg einen anderen Weg gewählt: Er stellt die Akteure der Saison 1994 in geschickt und witzig arrangierten Gruppenbildern und Einzelporträts dar, mit passenden Requisiten und in ihren Originalkostümen der entsprechenden Aufführungen.

Ralf Schmerberg hat diesen nicht alltäglichen Auftrag über persönliche Beziehungen in der Stuttgarter Kultur- und Kunstszene bekommen. «Der Kontakt mit den Künstlern und Schauspielern hat mich fasziniert, und sie ihrer Rolle entsprechend ins Bild zu setzen, war eine grosse Herausforderung für mich» sagt Ralf Schmerberg, der seine Bilder ausschliesslich mit einer Sinar f 4 × 5″ auf Polaroid-Material fotografiert hat. Weshalb Polaroid? «Weil für mich die Peoplefotografie etwas spontanes ist» erklärt er. «Wir haben manchmal zehn, zwanzig oder sogar noch mehr Polas verschossen, bis jedes Detail so war, wie ich es haben wollte. Das sind Feinheiten, die auf einer zweiten Aufnahme auf konventionellem Material bereits verlorengehen. Zudem musste ich bei jeder Aufnahme sicher sein, dass sie perfekt ist. Undenkbar, eine Gruppe nochmals vor die Kamera zu bekommen; Spielpläne, Gastengagements verunmöglichen sowas. Es war so schon ein organisatorisches Kunststück, den Terminkalender so zu gestalten, dass wir alle Gruppen in knapp einem Monat fotografieren konnten. Mit Aufbauen, Fotografieren und Abbauen für drei Aufnahmen am Tag war die Zeit restlos verplant. Diese sofortige Verfügbarkeit der Bilder in einem annehmbaren Format ist ein grosser Vorteil, der die Grossformatkamera bietet.»

Die Polabilder waren dann auch die Grundlage für dieses Portfolio. Und vielleicht ist das das Geheimrezept für eine völlig unübliche, fast verfremdende Farbwiedergabe, die diesen Bildern eine spezielle, theatralische Note verleihen. Die Farben wirken pastellartig und sanft, die Kontraste gemildert und die Durchzeichnung ausgewogen.

Oder liegt es am Licht? Ralf Schmerberg fotografiert ausschliesslich mit Tageslicht. Seit über fünf Jahren habe er keine Lichtquelle mehr angerührt. Im Gegenteil: Er hat sich in Stuttgart ein Tageslichtstudio eingerichtet und fotografiert dort auch die aufwendigsten Werbeproduktionen ausschliesslich mit dem vorhandenen Licht. «Mit Tageslicht hat die Fotografie begonnen» erklärt Ralf Schmerberg, «und das Tageslicht ist für mich das schönste und natürlichste Gestaltungsmittel. Für mich hat diese Arbeitsweise noch eine weitere Faszination: Sie reguliert meinen Zeitplan. Vor morgens um acht ist keine Aufnahme bei mir möglich, und im Winter ist um fünf oder halb sechs unwiderruflich Feierabend.»

Ralf Schmerberg arbeitet äusserst kreativ, oft auch einfach für sich selbst, ohne einen konkreten Auftrag. Er schafft damit den notwendigen Ausgleich zur oft zwanghaften, kurzlebigen und oberflächlichen Werbefotografie.

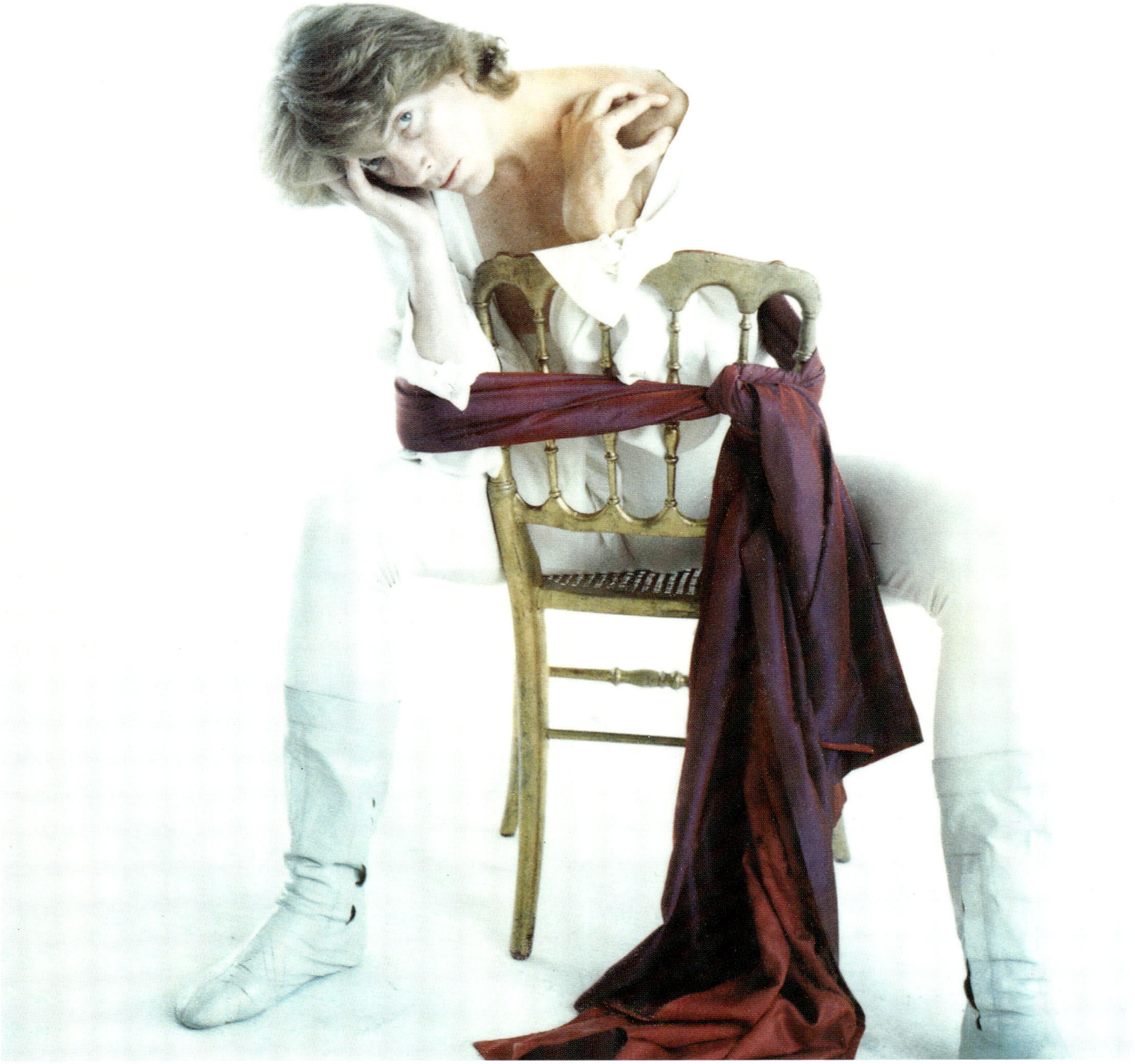

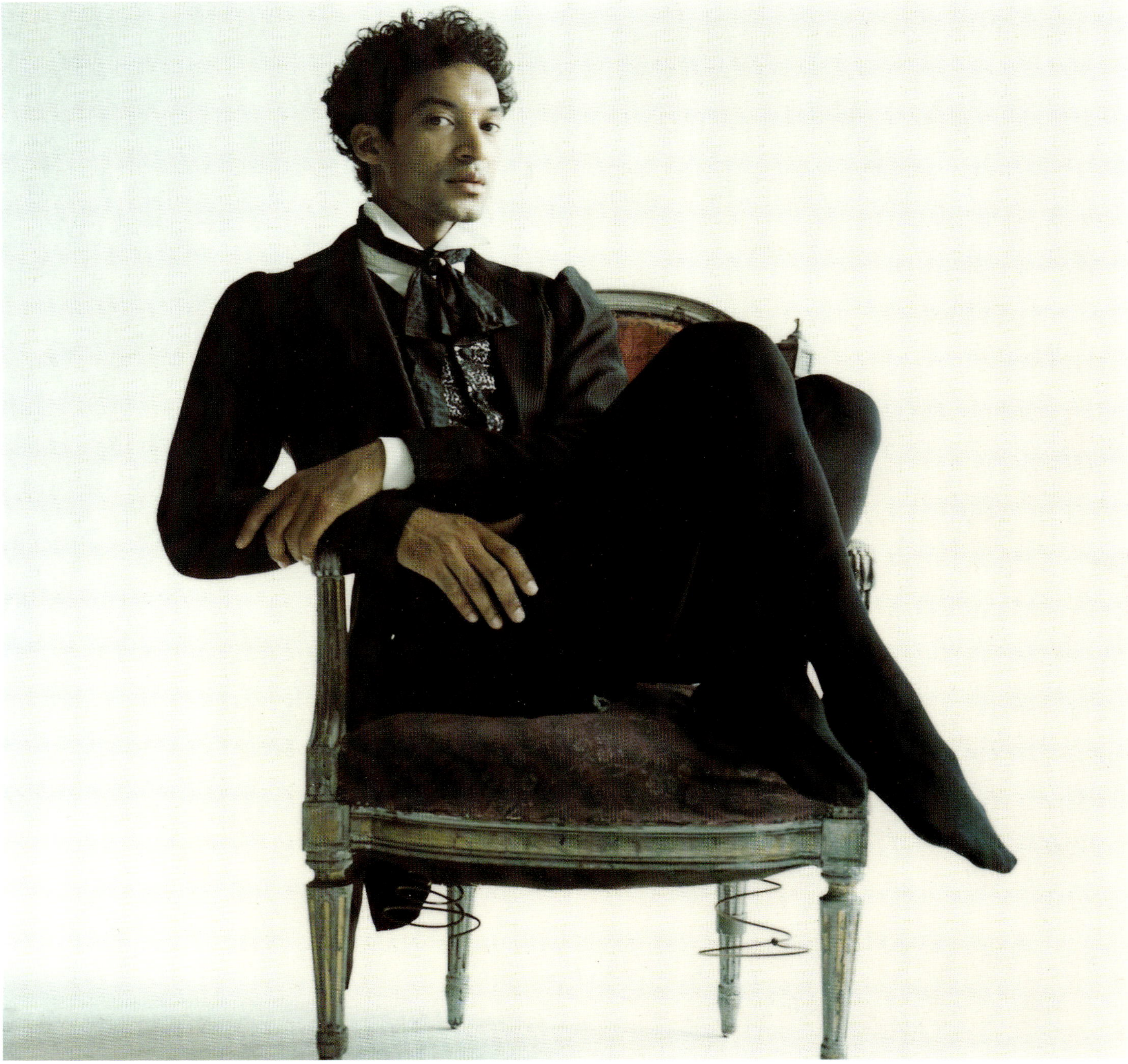

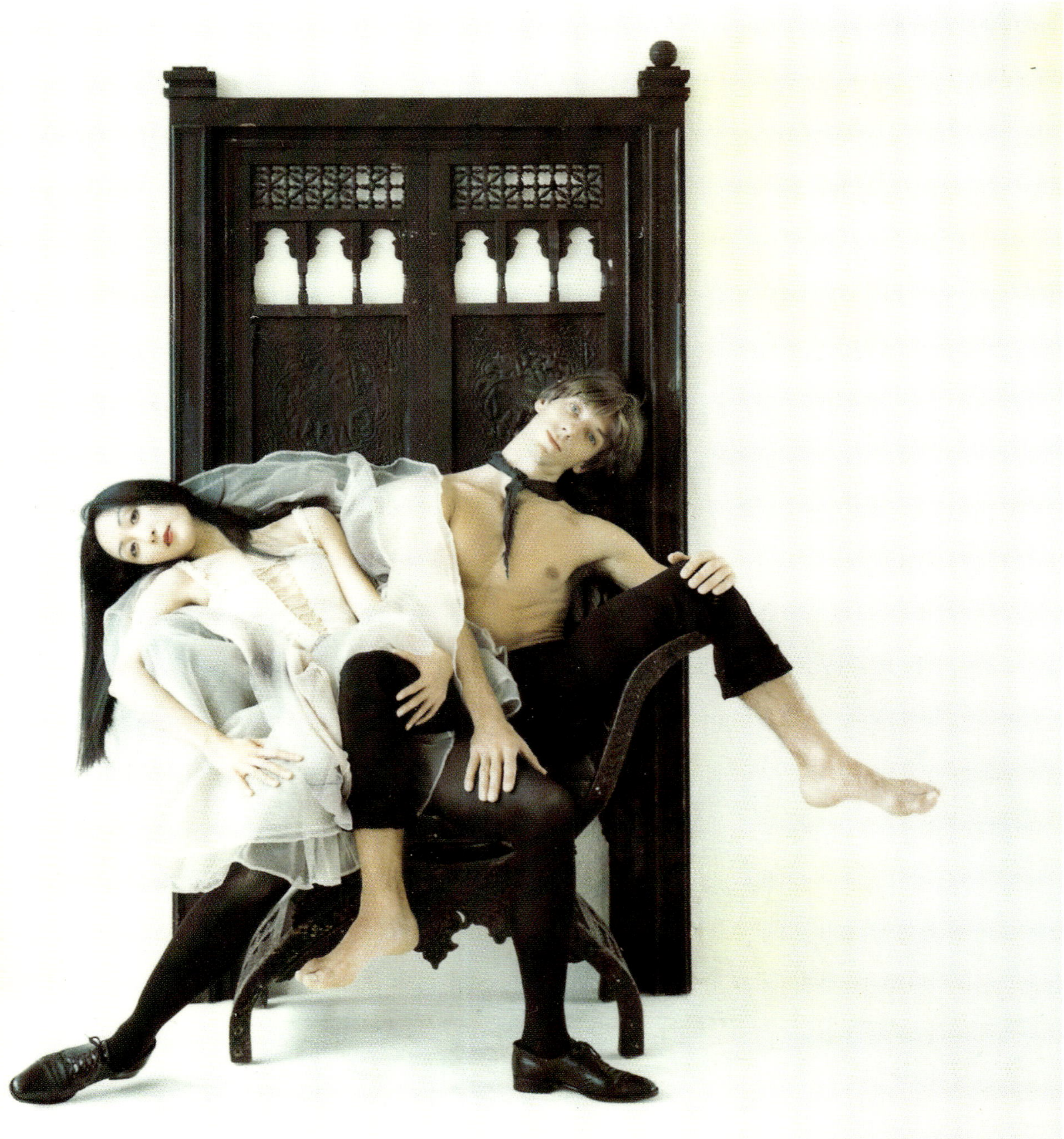

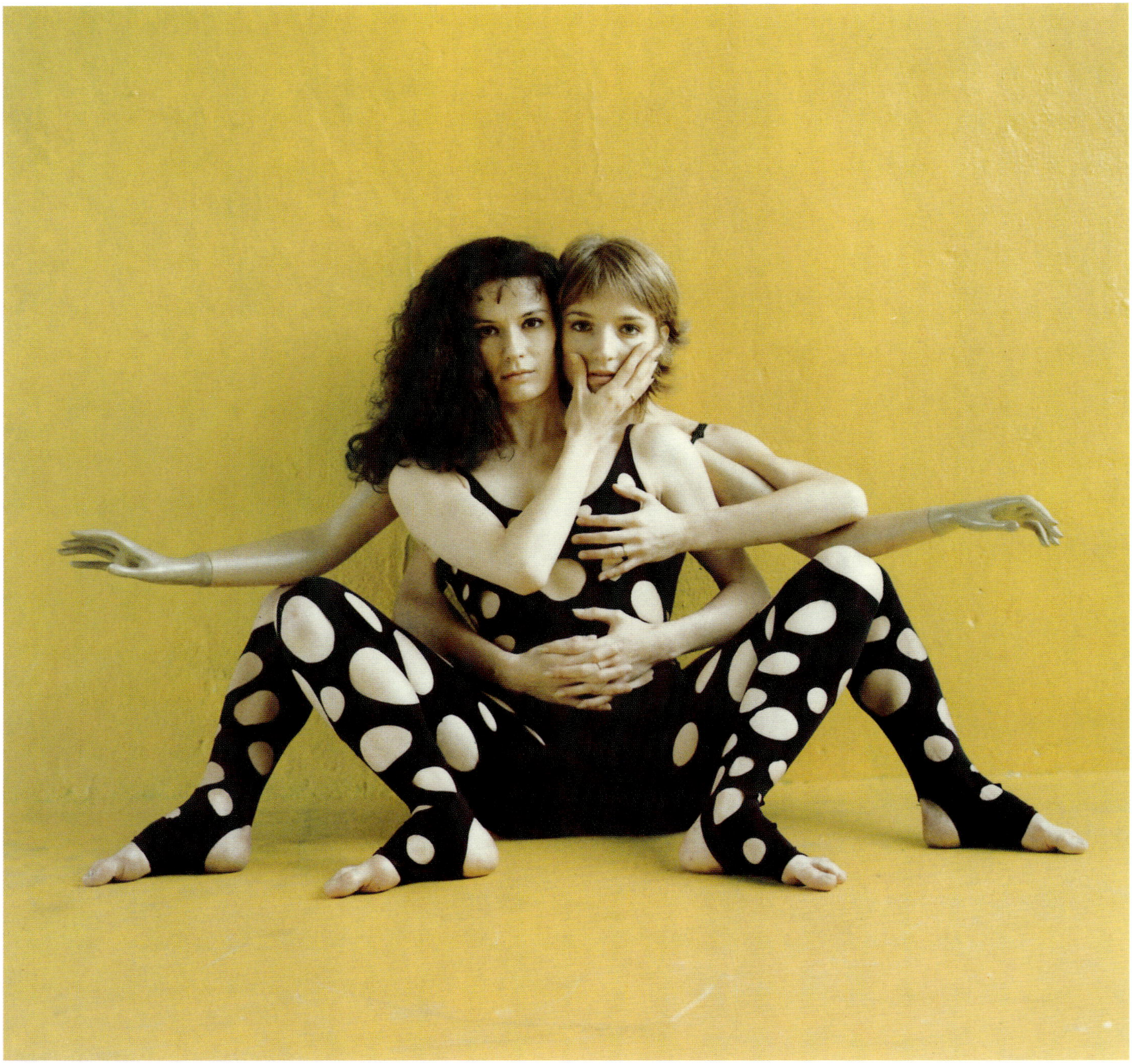

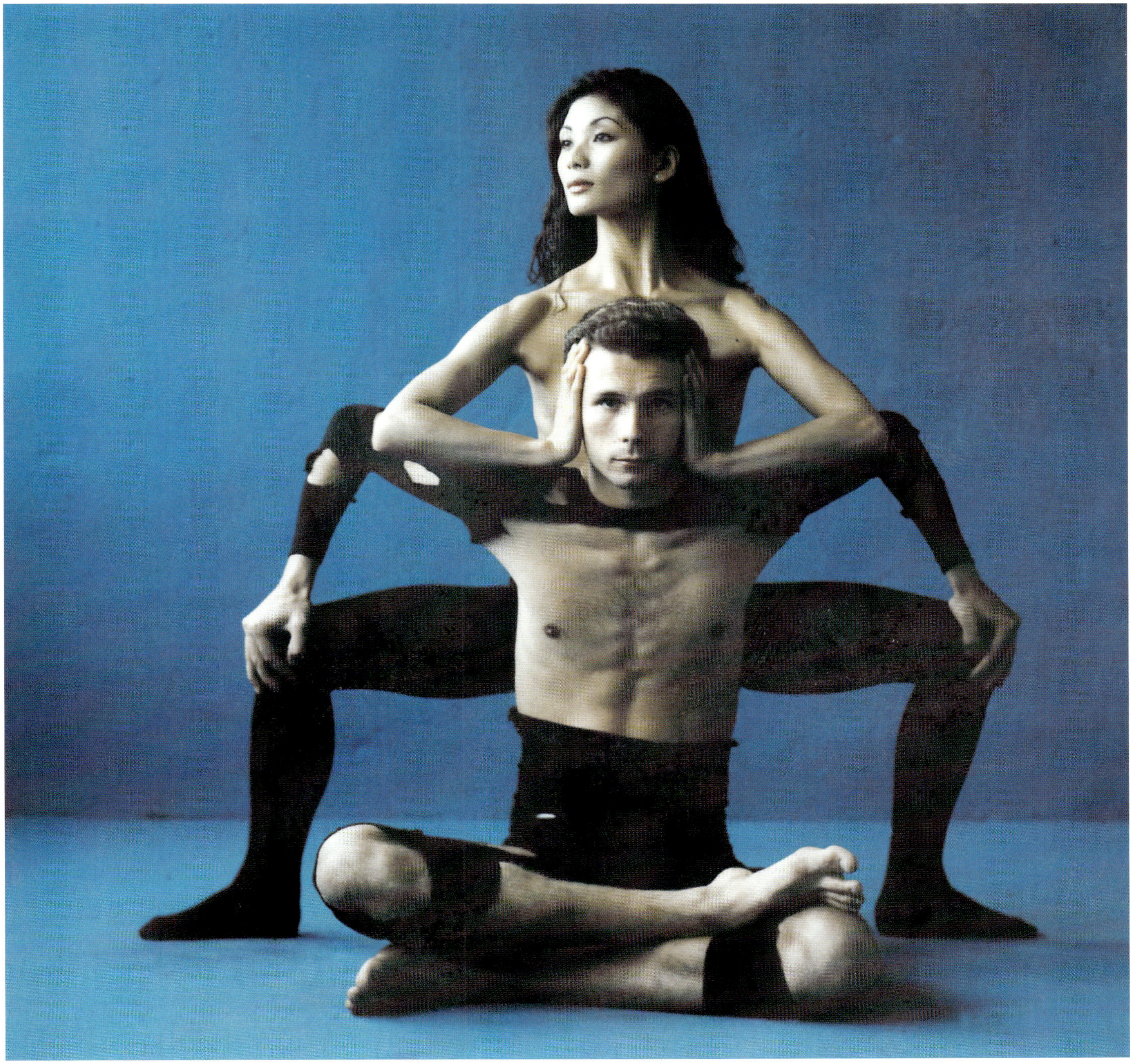

Annemarie und Peter Schudel

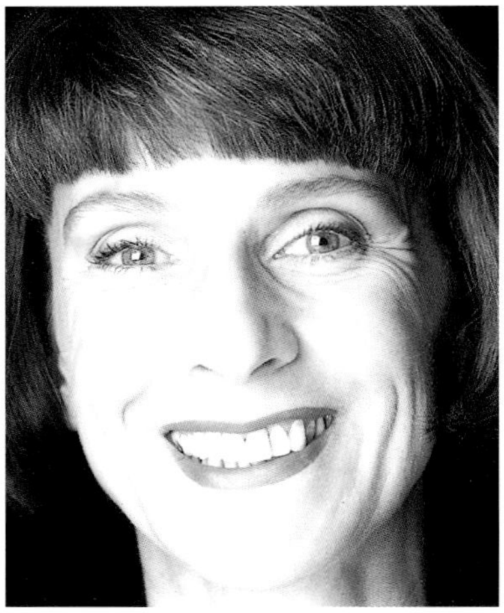

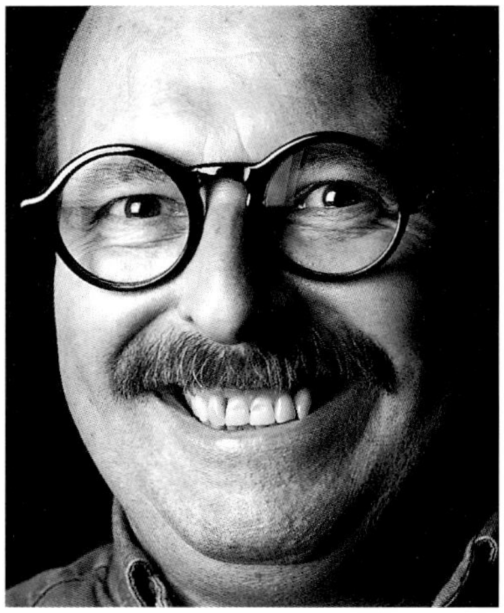

«Die grosse Einstellscheibe ist eine wertvolle und unverzichtbare Gestaltungshilfe, weil man in der Grossbildfotografie 'voll auf's Format' arbeiten kann. Eine Grossformataufnahme ist dann perfekt gestaltet, wenn das ganze Format ausgenutzt und der Bildausschnitt damit definitiv festgelegt ist.»

Das Fotografen-Ehepaar Schudel ist weit über die Schweizer Landesgrenzen hinaus bekannt. Einerseits sind es die perfekten Werbeaufnahmen, die im Zürcher Studio der Schudels realisiert werden, andererseits sind es die originellen Arbeiten, die von den beiden immer wieder an Ausstellungen und in Fotozeitschriften zu sehen sind. Der Ideenfundus der Schudels scheint nie leer zu sein, und ihre Fantasie, um immer wieder Neues, Ungesehenes zu schaffen, scheint sie nie im Stich zu lassen.

Mit der Bildserie fotografischer Gemälde haben Annemarie und Peter Schudel perfekte Illusionsbilder geschaffen. Was ist Gemälde, was ist Fotografie? Was ist Trick, und was ist Wirklichkeit? Die Bilder erzählen ihre Story, und der Betrachter sollte seine Augen fraglos durch die Szene gleiten lassen und die zahlreichen Details und Feinheiten geniessen. Alles ist durchdacht, aufs Feinste komponiert, und alles, was nach Zufall aussieht, ist gekonnt arrangiert. Das ist eine Perfektion, die nur im Grossformat und mit einer unendlichen Akribie möglich ist. Deshalb ist für die Schudels ihre Sinar Grossformatkamera in den Formaten 4 × 5″ bis 8 × 10″ ein unentbehrliches Arbeitsgerät.

Das nebenstehende Bild «Freudenhaus in Marseille» verblüfft schon durch die völlig unmöglichen Grössenverhältnisse. Die rote Lampe schafft eine unmissverständliche Atmosphäre, und das Gemälde vor dem Fenster verleiht dem Bild eine weitere, zwar unrealistische, aber doch eindeutige Aussage.

Die Illusion ist auch im nächsten Bild geglückt. Die Trinkerin erscheint als Gemälde, das subtil, unerklärlich und gekonnt in die realistischen Arme der Frau übergeht. Auf dem Tisch liegen Zigarettenkippen, und die Flasche macht den Eindruck, als ob sie in der nächsten Viertelstunde noch ganz leer würde. Perfekt auch der Lichteffekt: Der Betrachter hat den Eindruck, die Lampe sei die einzige Lichtquelle, dabei ist die Szene gekonnt im Studio mit Blitz ausgeleuchtet.

Die Casinoszene bringt eine besondere Ironie zum Ausdruck. Die offensichtlich etwas heruntergekommene Person muss sich statt mit Champagner und Kaviar mit Bier und Wurst begnügen, während sich bereits zwei Fliegen über den angelaufenen Senf hermachen.

Das Bild «Goldfisch» überlassen die Schudels der Fantasie der Betrachter. Auch hier verblüfft die Kombination von Gemälde und Wirklichkeit, und die vielen Details des Bildes, wie das Korsett, die wartende Person hinter dem Fenster und letztlich der namegebende Goldfisch als wichtigste Nebensache runden das Bild surrealistisch ab.

Die Billardszene ist wiederum eine gekonnte Kombination von Gemälde und Wirklichkeit, die mit der Nebenzimmer-Atmosphäre dem Betrachter einen fantasievollen Freiraum gibt. Das ist typisch für diese perfekt inszenierten und komponierten Schudel-Bilder.

Pikantes Detail: Die Darsteller auf den Bildern sind die Schudels selbst – auch in dieser Hinsicht ein eingespieltes Team.

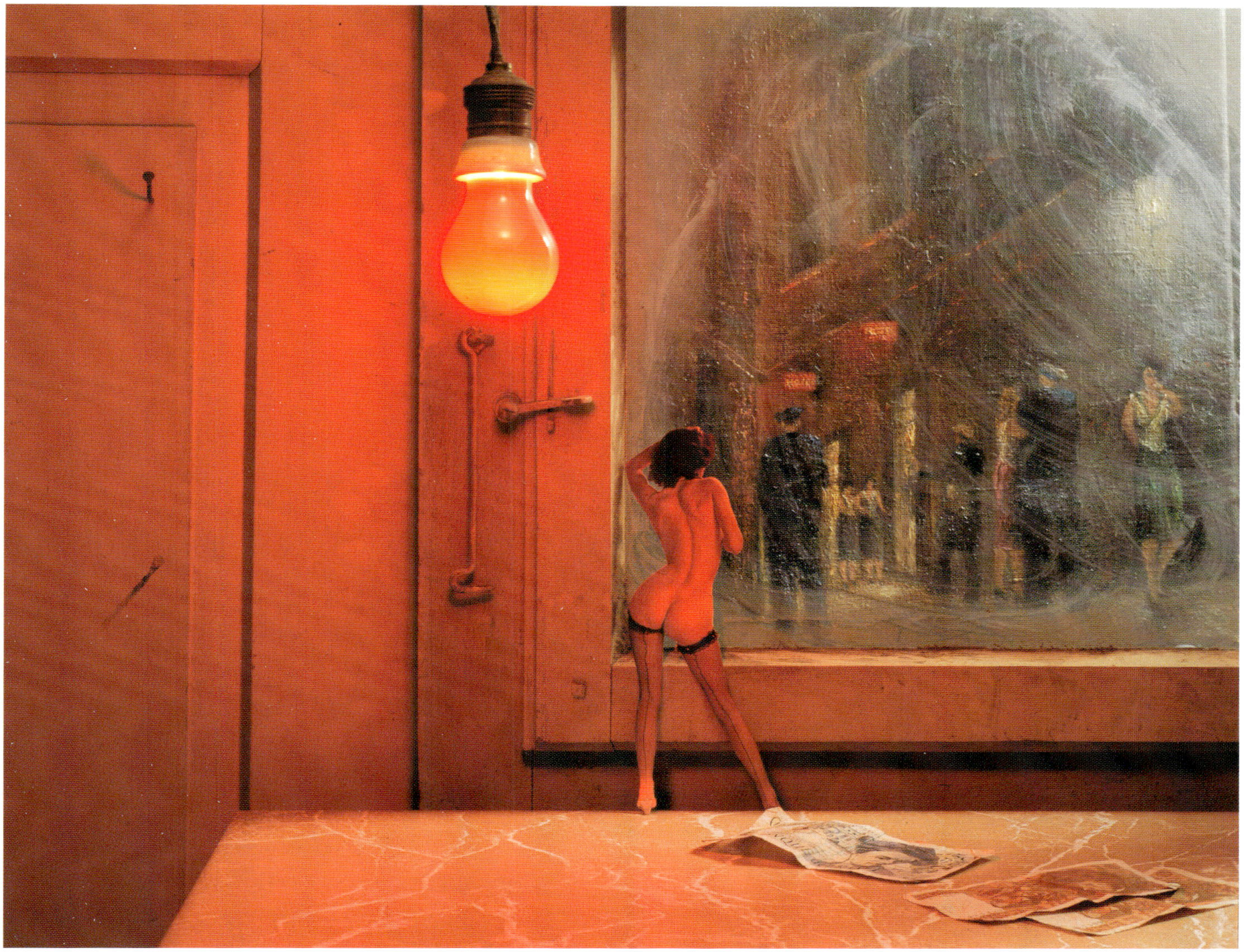

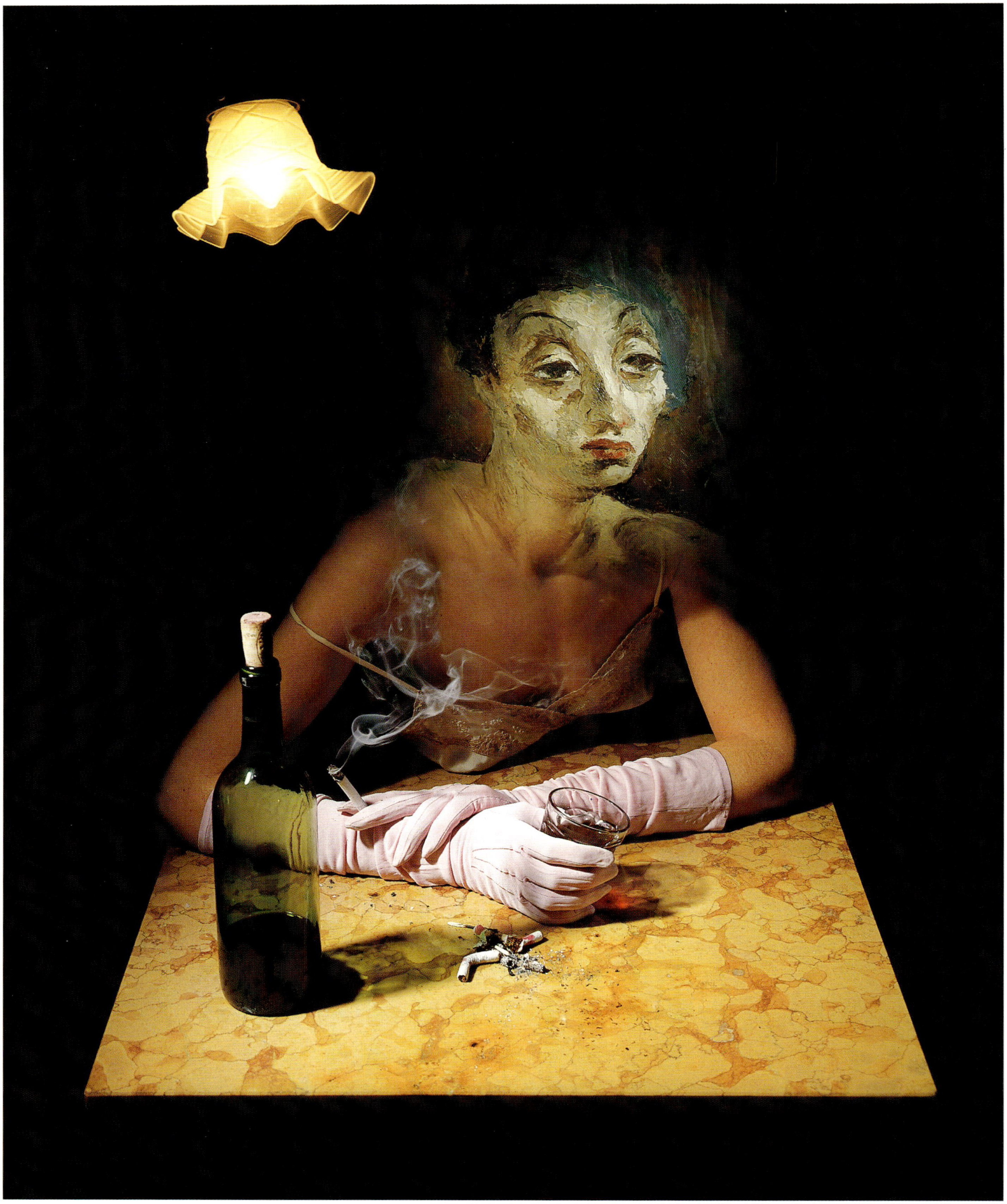

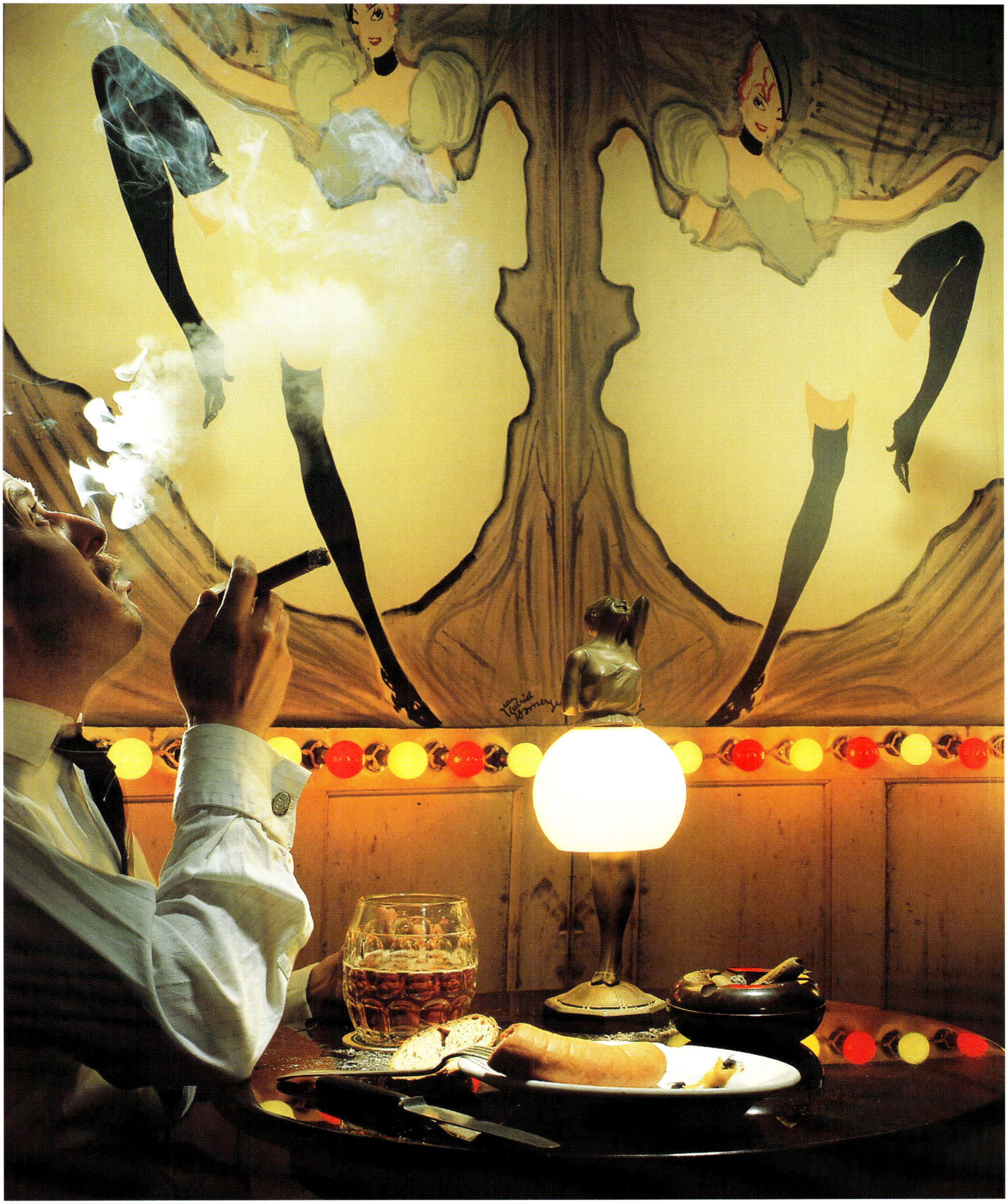

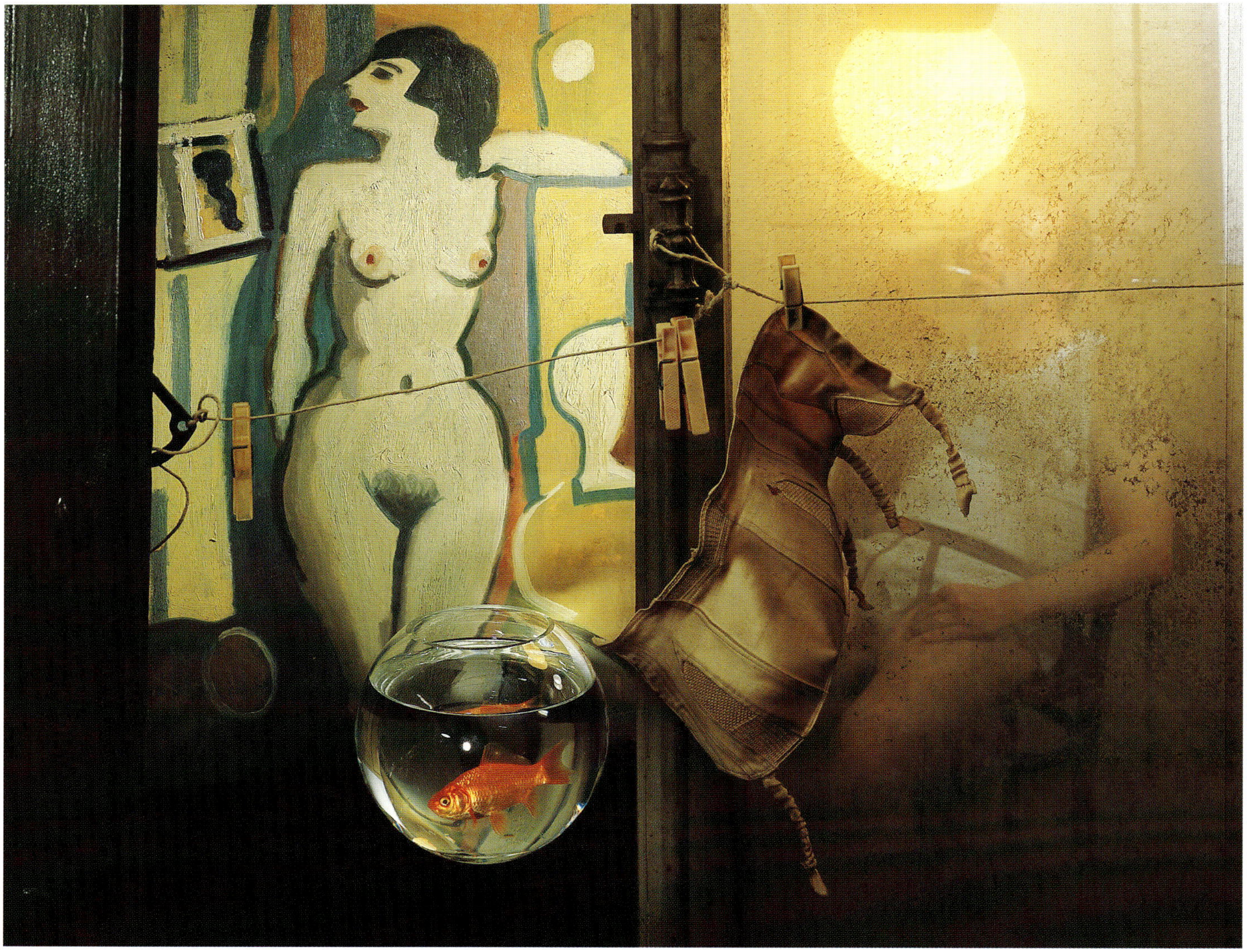

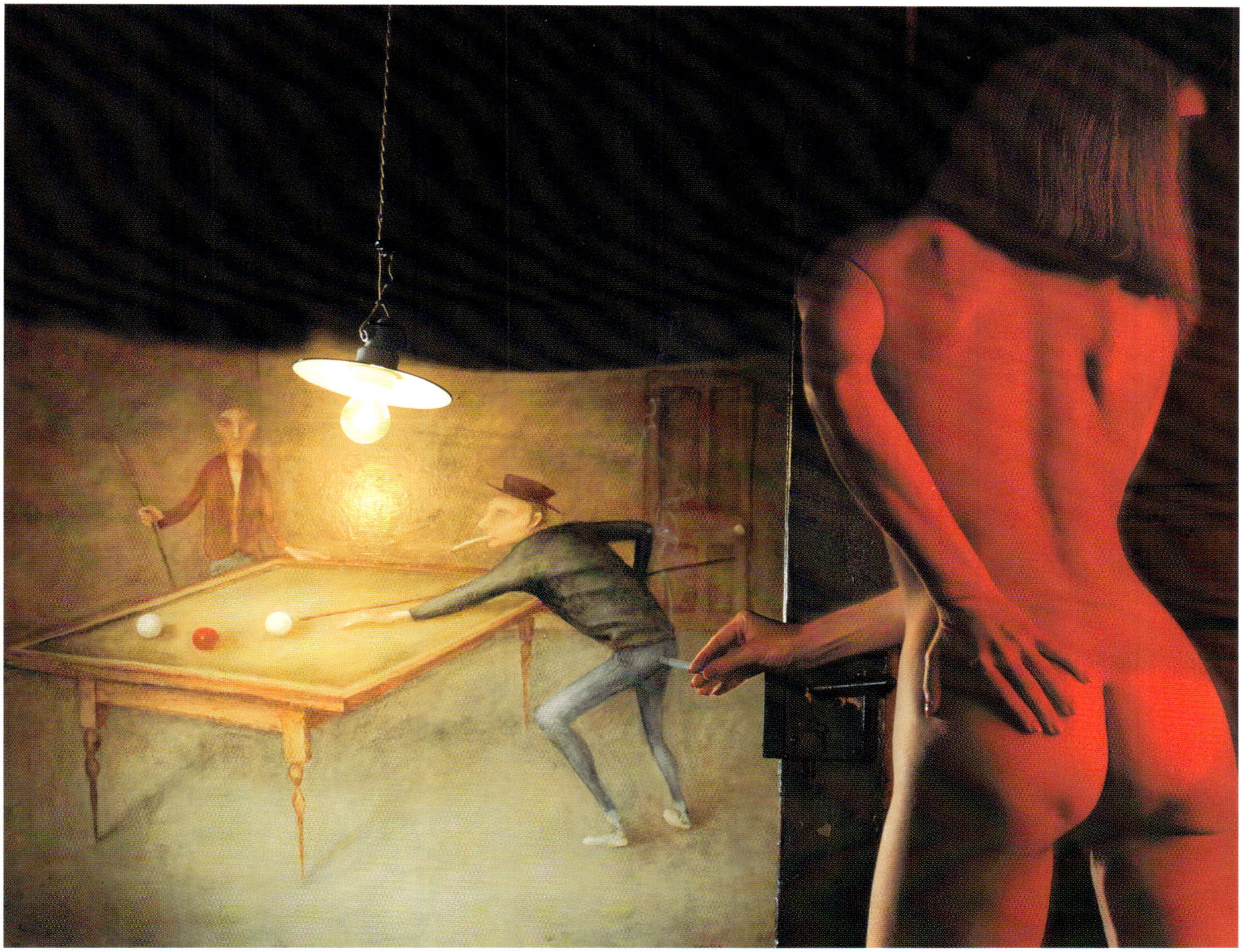

Ausrüstungsvorschläge

Die Mini-Ausrüstung

	4 x 5″	13 x 18 cm	8 x 10″
Kamera	**Sinar f2**	**Sinar f2**	**Sinar f2**
Objektive	**Sinaron-S 1:5,6/180 mm DB** **Sinaron-S 1:5,6/240 mm DB**	**Sinaron-S 1:5,6/240 mm DB** **Sinaron-S 1:6,8/360 mm DB**	**Sinaron-S 1:5,6/300 mm DB** **Sinaron-S 1:9/480 mm DB**
Verschluss und Belichtungsmesser	**Sinar/Copal** **Minolta IV oder IVF** **Sinar Booster 1**	**Sinar/Copal** **Minolta IV oder IVF** **Sinar Booster 1**	**Sinar/Copal** **Minolta IV oder IVF** **Sinar Booster 1**
Zubehör	**Fresnellinse 4 x 5″** **Mehrzweckstandarte** **Mehrzweckbalgen** **Gelenkstab und Balgenhalter** **Filterhalter 100 + Polfilter** **Sinar Einstellupe** **Stativ mit Sinar Neigekopf** **4 x 5″-Planfilmkassetten** **Sinar Zoom-Rollfilmkassette** **Kamerakoffer***	**Fresnellinse 13 x 18 cm** **Mehrzweckstandarte** **Mehrzweckbalgen** **Gelenkstab und Balgenhalter** **Filterhalter 100 + Polfilter** **Sinar Einstellupe** **Stativ mit Sinar Neigekopf** **13 x 18 cm-Planfilmkassetten** **Kamerakoffer***	**Fresnellinse 8 x 10″** **Mehrzweckstandarte** **Mehrzweckbalgen** **Gelenkstab und Balgenhalter** **Filterhalter 100 + Polfilter** **Sinar Einstellupe** **Stativ mit Sinar Neigekopf** **8 x 10″-Planfilmkassetten** **Kamerakoffer***

* Für Peopleaufnahmen wird oft die Mini-Ausrüstung wegen ihrem niedrigen Gewicht und ihrer Kompaktheit gewählt, weil häufig on location fotografiert wird. Wenn die Ausürstung länger getragen werden muss, findet sie am bequemsten und sinnvollsten in einem Rucksack Platz. Die Sinar f Grundkamera lässt sich zu diesem Zweck sehr kompakt zusammenklappen, indem die Kamerastandarten auf dem Grundrohr an die Enden gefahren werden, der Kamerabalgen einseitig gelöst wird und mit der Basisschwenkung die Kamerarahmen gegeneinander eingeklappt werden. Der Bankhalter bleibt auf dem Stativkopf.

Die Midi-Ausrüstung (wie Mini-Ausrüstung, jedoch zusätzlich:)

	4 x 5″	13 x 18 cm	8 x 10″
Kamera	**Sinar f2, x* oder p2**	**Sinar f2 oder p2**	**Sinar f2 oder p2**
Objektive	**Sinaron-S 1:5,6/300 mm DB** **Apo-Sinaron 1:9/480 mm DB**	**Apo-Sinaron 1:9/480 mm DB** **Apo-Sinaron 1:9/600 mm DB**	**Apo-Sinaron 1:9/600 mm DB**
Zubehör	**Balgenhaltestab** **Kompendiummaske 2** **Binokularlupe, Lichtschacht** **Sinar Color Control Filtersatz 100** **Sinar Control Verlauffilter** **Polaroidkassette 4 x 5″** **Kamerakoffer**	**Balgenhaltestab** **Kompendiummaske 2** **Weitwinkelbalgen 13 x 18 cm** **Binokularlupe, Lichtschacht** **Sinar Color Control Filtersatz 100** **Sinar Control Verlauffilter** **Kamerakoffer**	**Balgenhaltestab** **Kompendiummaske 2** **Weitwinkelbalgen 8 x 10″** **Binokularlupe, Lichtschacht** **Sinar Color Control Filtersatz 100** **Sinar Control Verlauffilter** **Polaroidkassette 8 x 10″** **Kamerakoffer**

* Die Sinar x ist für das Format 4 x 5″ konzipiert und lässt sich nur durch Systemteile der Sinar f2 oder p2 auf andere Formate umrüsten.

Die Maxi-Ausrüstung (wie Midi-Ausrüstung, jedoch wie folgt ergänzt:)

	4 x 5″	13 x 18 cm	8 x 10″
Kamera	**Sinar x oder p2**	**Sinar p2**	**Sinar p2**
Objektive	**Sinaron-SE 1:5,6/135 mm DB** **Sinaron-S 1:9/480 mm DB**	**Sinaron-SE 1:5,6/180 mm DB**	**Sinaron-S 1:6,8/360 mm DB**
Verschluss und Belichtungsmesser	**Sinar Expolux System**	**Sinar Expolux System**	**Sinar Expolux System**
Zubehör	**Bino-Spiegellupe** **Filterhalter 125** **Sinar Color Control Filtersatz 125** **Verlauf-, Effekt- und Polfilter mit Polfilterhalter**	**Filterhalter 125** **Sinar Color Control Filtersatz 125** **Verlauf-, Effekt- und Polfilter mit Polfilterhalter**	**Filterhalter 125** **Sinar Color Control Filtersatz 125** **Verlauf-, Effekt- und Polfilter mit Polfilterhalter**

Fotografenverzeichnis

Richard Avedon
407 East 75th Street
New York, N.Y. 10021

Alexander Beck
Gartenstrasse 47
D-60596 Frankfurt

Thomas Ammerpohl
Hamburgerstrasse 273 b
D-38114 Braunschweig

Jörg Dieckmann
Kornkamp 3
D-33699 Bielefeld

Patrizio Di Renzo
Langgasse 40
CH-6340 Baar

Michel Dubois
8, Rue Charlot
F-75003 Paris

Peter Eising
Bereiter Anger 15
D-81541 München

Norbert Guthier
Westerbachstrasse 105
D-65936 Frankfurt/Main

Peter Hebeisen
179 rue de la pompe
F-75116 Paris

Thomas Heinser
25, Zoe
CA 94107 San Francisco

Hans Hinz
Herrenweg 119
CH-4123 Allschwil

Olaf Hirschberg
66, rue Lafayette
F-75009 Paris

Piotr Jaxa
9, ch. du Martinet
CH-1263 Crassier

Hannes Kirchhof
Muhenstrasse 13
CH-5036 Oberentfelden

Jaschi Klein
Sierichstrasse 48
D-22301 Hamburg

Gilles Larrain
95 Grand Street
New York N.Y. 10013

Öffentl. Kunstsammlung Basel
St. Alban-Graben 16
CH-4010 Basel

Marco Paoluzzo
Rue Principale 11
CH-2560 Nidau

Jürg Ramseier
Gerbegraben 4
3110 Münsingen

Martin Riedl
3 Jubilee Place
London SW3 3TD

Dennis Savini
Tramstrasse 71
CH-8050 Zürich

Walter Schels
Eduardstrasse 48
D-20257 Hamburg

Ralf Schmerberg
Mercedes Strasse 25/1
D-70372 Stuttgart

Roland Schmid
Aarauerstrasse 388
CH-5035 Unterentfelden

Dieter Schmidt
Pfarrgasse 2
D-87600 Kaufbeuren

Annemarie und Peter Schudel
Dufourstrasse 183 a
CH-8008 Zürich

Yukio Shumizu
2-11-4, Komaba, Meguro-Ku
Tokyo 153, Japan

Akos Simon
Postweg 3
CH-5012 Schönenwerd

Marcel van der Vlught
Oude Looiersstraat 20
NL-1016 VJ Amsterdam

Rolf Wessendorf
Vordersteig 2
CH-8200 Schaffhausen

Bernhard Widmann
Libanonstrasse 58 a
D-70184 Stuttgart